答问

领导干部如何与媒体打交道

王彩平◎著

DAWEN

LINGDAOGANBU RUHE YU MEITI
DAJIAODAO

中共中央党校出版社

图书在版编目（CIP）数据

答问：领导干部如何与媒体打交道 / 王彩平著. --
北京：中共中央党校出版社，2020.10
ISBN 978-7-5035-6917-3

Ⅰ. ①答…　Ⅱ. ①王…　Ⅲ. ①领导学—通俗读物
Ⅳ. ①C933-49

中国版本图书馆 CIP 数据核字（2020）第 198047 号

答问：领导干部如何与媒体打交道

策划统筹　冯　研
责任编辑　王玉兰
责任印制　陈梦楠
责任校对　王　微
出版发行　中共中央党校出版社
地　　址　北京市海淀区长春桥路 6 号
电　　话　（010）68922815（总编室）　（010）68922233（发行部）
传　　真　（010）68922814
经　　销　全国新华书店
印　　刷　北京盛通印刷股份有限公司
开　　本　700 毫米 ×1000 毫米　1/16
字　　数　206 千字
印　　张　15.5
版　　次　2020 年 10 月第 1 版　2020 年 10 月第 1 次印刷
定　　价　52.00 元

网　　址：www.dxcbs.net　**邮　　箱：**zydxcbs2018@163.com
微 信 ID：中共中央党校出版社　**新浪微博：**@党校出版社

前言

沟通是软实力

什么是软实力？

“软实力”(Soft Power)，是冷战后使用频率极高的一个专有名词，约瑟夫·奈最早提出这一概念并因此一举成名。1990年，他在《注定领导世界：美国权力性质的变迁》一书及同年在《对外政策》杂志上发表的《软实力》一文中，最早明确提出并阐述了“软实力”概念。2004年，在新著《软实力：世界政治中的成功之道》一书中，他又对“软实力”概念进行了补充，指出“软实力”主要包括文化吸引力、政治价值观吸引力及塑造国际规则和决定政治议题的能力，其核心理论是：“软实力”发挥作用，靠的是自身的吸引力，而不是强迫别人做不想做的事情。

软实力这个概念听起来特别的宏大，作为一个理论体系，也令人感觉深不可测，似乎离自己很远很远。但事实上，软实力不仅可以在外交领域发挥作用，对于政府管理来说，软实力也应该是可以看得见、摸得着的，是可以具体化到每一个政府决策和决策的社会传播过程中去的。就拿这次的新冠肺炎防治来说，我们可以通过两个案例来分析一下。

一个是武汉封城。

对于今天的我们来说，封城的记忆依然历历在目，用一个词来形容，那就是后怕。

那几天，网络上充斥着来自武汉的各种令人揪心甚至绝望的消息，医院急诊室挤满了人，过道里挤满了人，大门外排着长长的看不到头的前来就诊的人们，李兰娟院士说，“形势非常严峻，武汉要封城，不然后果不堪设想”。事后的科学研究认为，武汉封城让中国新冠肺炎感染者的总病例数减少了96%，对疫情的遏制起到了至关重要的作用。

回过头来看，封城决策无疑是正确的，是壮士断腕之举。但是，在封城通告发出之后，我注意到网上有人说，封城代表着国家放弃了武汉，让武汉人自生自灭。为什么会给人这样的感觉呢？一个很大的问题就出在了封城决策向社会沟通的环节中，我们来看一下当时的通告：

> 武汉市疫情防控指挥部1号通告：自2020年1月23日10时起，全市城市公交、地铁、轮渡、长途客运暂停运营；无特殊原因，市民不要离开武汉，机场、火车站离汉通道暂时关闭。恢复时间另行通告。

不可谓不简洁。但无论对于城内还是城外的人来说，都会突然有一种无所适从甚至被抛弃之感，这个中部特大城市就这么被封了？900万人的吃喝拉撒怎么办？城市运转怎么办？通告里都没有提及。湖北省委党校孙大敏教授在《武汉封城月记2》里就提到了这个问题。

在湖北省委党校孙大敏教授看来，封城是有法律依据的，一是《中华人民共和国传染病防治法》，规定国务院在传染病暴发时有权决定大、中城市的隔离管理；二是《中华人民共和国突发事件应对法》，规定全国人大或国务院在紧急状态下有权采取非常措施。但武汉封城是武汉市疫情防控指挥部发出的公告，公告中并无“经全国人大批准或国务院批准”等字眼和内容。

武汉封城，是人类历史上第一次对一个拥有千万人口的大城市采取最严厉的防疫措施，有法可依，但无经验可循，无预案可用，在国泰民安的时代环境中，无论是哪个政府，都很难想到要为“封闭一个城市”做一个详尽细致具有可操作性的预案，因此，封城之后的城市管理，面临着严峻的挑战。

那么，武汉人民因此就被抛弃被放弃了吗?

封城之后，军队和地方的医务人员迅速向武汉集中，第二天，1 月 24 日除夕夜，第一批医疗队赶至武汉，“一省包一市”，至 3 月 8 日，全国共有 346 支医疗队、4.2 万名医务人员抵达湖北抗疫；大量的口罩、防护衣、药品等向武汉集中，短时间内解决了医疗资源严重不足等问题，十余天时间建立起火神山和雷神山医院，创造性使用“方舱医院”，实现了感染病人和疑似病人的应收应治；来自全国各地的日常生活物资，包括禽、蛋、奶、蔬菜、瓜果等纷纷运往湖北，保障了当地的物资供应，至 3 月 13 日，全国各级财政安排的疫情防控投入已达 1169 亿元。

这么多的事实证明，武汉从未被放弃!

但是，为什么武汉封城通告会给人抛弃放弃之感呢？决策没错，是哪里错了呢？是沟通！也就是说，在政府决策出台之后，向社会的沟通出了问题。

那怎么做才好？在公告封城决策的同时，加一句话：离汉通道暂时关闭之后，我们会全力以赴保障 900 万武汉人民的日常生活，保障城市运转，维护社会秩序。

有没有这句话是不一样的。没有这句话，虽然事实并不是抛弃和放弃，但给人的感觉就是如此；有了这句话，人们就还能看到希望，就不会有被抛弃被放弃的错觉。这就是沟通的重要性，也是国家治理软实力的一种体现。

另一个是大幅减少国际航班。

2020年3月26日晚，中国民航局发出《关于疫情防控期间继续调减国际客运航班量的通知》，要求各运输航空公司以民航局3月12日官网发布的“国际航班信息发布（第5期）”为基准，国内每家航空公司经营至任一国家的航线只能保留1条，且每条航线每周运营班次不得超过1班；外国每家航空公司经营至我国的航线只能保留1条，且每周运营班次不得超过1班。

和武汉封城通告一样，这个通知让海外华人和留学生产生了被抛弃的感觉。有评论的标题就充满愤懑和不满：孩子准备登船的时候，祖国怎能撤掉跳板，认为以管控运力为手段，将本国公民拒于国门之外，无法体现国家对公民的担当和关怀。有留学生说，周围的同学都可以理解国家抗疫有困难，那就暂时选择不回国，希望国家直接表达国家有困难大家不要回了，都可以理解，就怕这一边说让回家，一边实际不让回，“这种做法感觉不地道”，尤其让前一段热心捐助物资回国的人感到寒心。一位“00后”留学生则说，原来他们“00后”留学国外面对西方舆论攻击中国，“对中国都很有感情，坚信月亮也是中国的圆”，但这次这个航班限制，身边的年轻人感觉很失望。

《环球时报》也评论说，留学生中的大部分会在学成之后回国参加建设，而这场大疫必将给他们留下终生难忘的记忆，参与塑造他们对人生、国家这些重要概念的认识。在他们最无助的时候，祖国的出现比对他们什么样的教育都管用。不让他们有被抛弃感，今天的中国应当致力于去做到。

此时，我们返回去看民航局发出的《关于疫情防控期间继续调减国际客运航班量的通知》，干巴巴的，除了一系列硬性规定之外，只有一个理由"为坚决遏制境外新冠肺炎疫情输入风险高发态势"，强硬得让人一点都感觉不到左右为难的味道。

这不是决策沟通应该有的样子。事实上，同天，外交部和移民管理局出台的《关于暂时停止持有效中国签证、居留许可的外国人入境的公告》就会好很多，这个公告的最后一段是这样的：

> 这是中方为应对当前疫情，参考多国做法，不得已采取的临时性措施。中方愿与各方保持密切沟通，做好当前形势下中外人员往来工作。中方将根据疫情形势调整上述措施并另行公告。

这一段既表明了"不得已"的情势，也说清楚了"中方愿与各方保持密切沟通，做好当前形势下中外人员往来工作"，并说明"中方将根据疫情形势调整上述措施并另行公告"，这样的表述，既能够让人们理解决策困境，也可以看到现实保障和未来希望，当然就不会有被抛弃之感。

民航局也可以借鉴外交部的做法，在通知中加上一段：这是民航局为应对当前疫情，参考多国做法，不得已采取的临时性措施。在此期间，我们会与各方保持密切联系，尽可能寻找更好的办法满足海外华人和留学生的回国需求；同时，我们也将密切关注疫情发展情况，只要形势许可，会在最短的时间内复航并另行公告。

事实上，在大面积减少航班之后，外交领域迅速采取了一些措施，比如一些驻外大使自己、或邀请张文宏等专家，与海外华人和留学生交流；包机去接滞留埃塞俄比亚和英国的留学生；给留学生发放爱心包；等等。这些措施都表明，祖国并没有抛弃海外华人和留学生，但沟通的缺位却导向了这种感觉，确实令人十分遗憾。

新冠疫情，对各国的治理能力都提出了新的挑战，对我们而言，恰如之前所提出的，“要将推进国家治理体系和治理能力现代化作为全面深化改革的总目标”，这个过程中，提高政府治理软实力不可或缺，必须加强。

目 录
Contents

夸夸这三位发言人

在这一次全国人民全方位、立体式检阅新闻发言人的过程中，有三位新闻发言人的表现值得称赞。

新冠肺炎疫情给全国人民提供了一个检阅新闻发言人的平台，之前，虽然在各种各样的突发事件发生后也举办新闻发布会，但大多局限于某一部委或某一地域。但这一次新冠肺炎疫情期间，从中央到地方，各级政府都在举办新闻发布会，几乎各个部门都有新闻发言人在发布会上发言。而在这一次全国人民全方位、立体式检阅新闻发言人的过程中，有三位新闻发言人的表现值得称赞。

堪称教科书式、"神探福尔摩斯"

这是网友对天津市疾控中心传染病预防控制室主任张颖的评价。2020年2月2日，张颖在新闻发布会上对宝坻百货大楼的聚集性病例做了抽丝剥茧式的分析，一张溯源图一目了然，把各个患者的工作区位关系及发病原因说得清清楚楚，全程脱稿。她教科书式的剖析展现了其精湛的业务能力，被网友称作追踪病毒的“神探福尔摩斯”，因此成了“网红”。

张颖说，她从没想过有一天自己会成为“网红”，那她怎么就成了呢？

说到底，在什么山唱什么歌，唱好了自然会赢得掌声。

对公众而言，一座百货大楼出现了几起甚至几十起新冠病例，想想都是一件令人恐惧的事情，天津的老百姓难免要琢磨：这是怎么回事呢？只在这个楼里吗？这些人在外面接触了多少人啊？

这是什么？这就是社会关切，这就是公众质疑。怎么回应才能让大家知道事实，减少恐慌呢？张颖没有回避这个问题，也不是笼统地一概而过，而是从第一例病例开始，一例一例地讲清楚他们究竟是从哪里来、到哪里去，把感染的过程和传播的路径描述得清清楚楚。

她说清楚了，人们也就看清楚了。这些病例的活动范围和自己有无交叉？是不是能影响到自己？在这个事实基础上怎么做好自己的防范？相应地，人们也就没那么恐慌了。所以加缪是对的，“这一切里面并不存在英雄主义，这只是诚实的问题。与鼠疫斗争的唯一方式只能是诚实”。

“诚实”很难吗？确实不容易！我们不谈主观故意之类的东西，就拿张颖的“福尔摩斯式”的“侦破”来说，这得需要多大工作量才可以做到？张颖在后来接受记者采访的时候说：高风险确诊病例出现后，她和同事以最快的速度抵达病毒出没的区域，从最危险的地方找到“敌人”，如同猎手一般一刻不停追逐病毒的踪迹，有时还需要按照患者描述的路线，一步一步实地重新走上一遍。这个场景重现的过程只是疾控人员准确核实信息的方式之一。很多时候，为了每个环节不出纰漏，她们不得不反复与患者核实，“多问一句，可能就能多保护--批人”。

所以说，生动活泼是表达技巧，庖丁解牛却一定是笨功夫，如果没有扎实的调研过程，没有真实准确的数据支撑，再生动的表达也只能是凌空虚蹈。“网红”新闻发言人张颖的经验告诉我们，新闻发言，不是动动嘴皮子就可以的事情。

不提倡“英雄主义”

看她的第一场新闻发布会就感觉到这位官员务实的风格、流畅的语言，以及自信的心态。

“好官”，只有两个字，多少人梦寐以求而不得！但焦雅辉得到了，没有什么惊天动地的英雄事迹，就是因为在新闻发布会上展现出了一个新闻发言人扎实的业务功底、温情的人文关怀和科学的理性精神。

《北京日报》在一篇题为“发布会脱稿上热搜　这位女局长为何获赞无数？”的报道中说：每次出席新闻发布会，不读稿子，疫情信息全记在心里，面对记者提问，数据、事实脱口而出，表达清晰流畅，调度几万名医务人员，稳而不慌，谈及外省医疗队驰援武汉，却一度哽咽……

所有这些，使国家卫健委医政医管局副局长焦雅辉备受关注，很多网友评价她，专业、干练、利落、温情。

但在笔者看来，虽然这些都值得肯定，但在焦局长身上更值得肯定的，是科学，是专业，是理性。

近日，“集体剃头”“怀孕 9 个月依然坚持”“流产十天上战场”等“感动式”报道收获了一波波的眼泪，但就在这一片对英雄气质的歌颂赞叹声中，焦雅辉在接受白岩松采访的时候言简意赅地表明自己的态度：不提倡“英雄主义”。

这在“悲情”和“英雄”的灾难叙事泛滥的舆论场中，简直就是一股清流，清醒而直接地回归了现代理性。应该说，“悲情”和“英雄”的情感共享，确实能够带来神圣感和升华感，有助于强化认同，但仪式激起的应该是情感，而不是催生思想和资讯。焦雅辉的理性表现，将舆论对灾难叙事的起点带回到了社会救助和秩序重建，恰如其分地回应了国家治理体系和治理能力现代化的倡导。

把疫情、把灾难当成教材

2020 年 2 月 14 日，河南省人民政府新闻办公室召开“河南省新型冠状病毒感染的肺炎疫情防控工作”第九场新闻发布会。在新闻发布会即将结束时，河南省教育厅厅长郑邦山的一段话，迅速走红网络。

从正常的新闻发布流程来看，该发布会的新闻发布完了就结束是对的；从一般的新闻发布规律来看，在新闻发布会上长篇大论地讲大道理是要忌讳的，但郑厅长的发言被朋友圈刷屏，却也自有它的道理。

那是什么道理?

新冠肺炎疫情突如其来，对整个制度体系、政府治理、社会动员、公民素质都提出了严峻的挑战，这些挑战不是抽象的，而是实实在在的、具体的治理难题。比如复工和防疫两难的命题。再比如，要不要开学？复学会怎样?

这个时候，一定不是用几句俏皮话，比如“我得想想，之前我是干什么的来着”就能应付得过去的。无论是不是复学，都会带来很多问题，复学是交叉感染的压力，而且是更为社会所关注的孩子们的健康问题。不复学，孩子的正常教育怎么开展？待在家里无人照顾的问题怎么解决?

所有这些，如果是正常的治理环境，可以召集一次全系统的会议，通过传达会议精神来进行行业动员。但这一次，聚集成了一个奢侈的词语。那么，对于每一位老师也好，教学管理者也好，究竟应该怎么做呢？大家难免会有职业迷茫和焦虑，难免会在道德认知与价值判断上产生迷惑与困顿，并且无所适从，而这些，靠自觉自发恐怕不能解决。在这种情形下，河南省教育厅厅长郑邦山打破了新闻发布会的正常规律，以一种“反常”的发布会动员引起了社会关注。

我们不妨来看一下郑厅长的发言内容：

> 这是一个特殊的时期，每个人都被卷入了一场特殊的战役。
>
> …………
>
> 我们河南省的教育工作者、老师、同学、家长应该扮演什么角色，该拿出什么样的精神状态呢？
>
> …………
>
> 在灾难面前，我们每一位老师、每一位家长、每一位同学，必须真正地做到风雨同舟、携手共进。社会即课堂、生活即教育。我们需要共同面对、共同讨论、共同参与、共同承担，在教学条件变化、交流空间变化中把疫情、把灾难当成教材，把我们应该做的、能够做的、通过努力能够做到的事情，做到最好、做到最佳，保持良好的、积极的心态，共同完成好这场生命教育、信念教育、科学教育、道德教育，在抗击疫情的战役中进一步树立和塑造正确的世界观、人生观、价值观，培养学生坚忍不拔、从容不迫的奋斗精神和赤诚仁爱、胸怀天下的家国情怀，真正与祖国一起成长，在灾难和不幸面前，让灾难见证我们坚定成长的足迹，让不幸成为通向幸福的桥梁。

为什么要拿出这样的精神状态呢？郑厅长连用三个“不禁想起”，前两个“不禁想起”讲到了抗日战争国难当头的时候，教育工作者是怎么做的，从而激发大家去思考在当下的灾难情境下，河南的教育工作者是不是要承担起自己的历史使命和时代责任。第三个“不禁想起”，他讲到了就在当代，就在人们的记忆中，汶川地震的灾难教育了年轻人、改变了年轻人的事实，告诉大家灾难教育的重要意义，从而激励教育工作者在这次新冠肺炎疫情中守土有责，守土尽责。

不是贩卖焦虑，而是通过对意义的阐释促进每一个人的思考，这其实是一种“价值传播”。在所有的传播中，“价值传播”是最难的。但这一次，郑厅长通过一次出其不意的“打断”，在“谆谆教诲”的意义阐释中，实现了一次“价值传播”的突围。他的发言，即便不能像梅贻琦“所谓大学者，非谓有大楼之谓也，有大师之谓也”那样被千古流传，但至少在这次抗击新冠肺炎疫情的斗争中，使河南的教育工作者乃至更多的人受到了教育和引导，并内化为自己的行动。

足矣！

火大流鼻血

对于不小心成为新闻当事人的新闻发言人来说，他们承受着巨大的舆论压力，很容易就会迁怒于促发这一切的介质——媒体和记者。

2015 年以来，从新疆到东北，从内蒙古到深圳，从江苏到北京，校园“毒跑道”事件集中爆发。2016 年 6 月 14 日，中央电视台记者针对“毒跑道”问题采访了北京市平谷区教委副主任、新闻发言人张子连，当问到学生流鼻血究竟和塑胶跑道散发的气味有没有关系时，有了以下一段对话——

张子连：个别的小孩他火气比较大的话，他容易流鼻血，或者有这样的症状。小学一年级和幼儿园入学这一阶段，会有一些心理和生理调整。

记者：在这个操场上，我们应该待了一个多小时了，我感觉到有一股很浓的，很刺鼻的味道，您有这种感觉吗？

张子连：我现在应该说，实事求是讲，我现在基本没有感觉到有什么味儿。①

“孩子火气大容易流鼻血”与“红色的水不等于不达标”异曲而同工，于是，互联网上出现了各种发泄式的吐槽与谩骂，有网民甚至将张子连“火气比较大”的不当回应称为“毒官员的毒回应”，张子连主任也因此从新闻发言人变成了新闻当事人。

巧的是，在这件事情发生之后的一个月左右，笔者受邀前往平谷，为平谷区新闻发言人培训班讲了一课。课间休息时，一位坐在前排中间的学员过来和我聊天，提及媒体时，流露出了不满和抱怨的情绪，我当时没多想就说了一句：领导干部对媒体还是应该有一个正确的态度，不然像你们平谷教委的那位主任，在中央电视台记者面前那么说话，不就被网友骂了吗？

结果，这位学员说，我就是张子连。当时的情况有点尴尬，我确实没认出来这位学员就是刚刚发生的“毒跑道”事件的新闻当事人，但说出去的话泼出去的水，我没办法收回了，只好打开天窗说亮话。我说，既然这样，张主任，我们不妨分析一下，首先，学生流鼻血和塑胶跑道散发的气味有没有关系，这是个科学问题，在鉴定结果没出来之前，谁也不能下这个结论；其次，新装修的地方有味道，其实是一件很正常的事情，记者能闻到，你应该也能闻到，能闻到就说能闻到，非说闻不到，记者肯定很难

① 《央视曝光后续：“三无毒跑道”正在校园火热铺设　全程无任何监管》，央视新闻客户端 2016 年 6 月 22 日。

接受。[1] 而且，流鼻血究竟会不会影响孩子们未来的健康，这个时候也还不能确定，家长们正处于焦虑状态中，怎么可能接受“孩子火气大容易流鼻血”这样的推脱之辞呢？

我接着说，这段采访其实并不难回答，记者问，学生流鼻血究竟和塑胶跑道散发的气味有没有关系？回答是：二者之间有没有关系，需要等鉴定结果出来才能知道。记者问，你能不能闻到气味？回答是：确实能闻到一些。

听完我的话，张子连主任沉默了一会儿，接着，他和我说：这些天，我一直在想，我并没有说什么过头的话，怎么就被人骂了呢？现在看来，确实是我自己的话说得不对，以后一定要改。

这段话，让我的内心升腾起了敬意。

我想起西风禅寺里的墙上、柱子上挂着的各种各样发人深省的偈语，离开后大多都忘掉了，唯独有一句始终印在脑海里：见人不是，诸恶之根，见己不是，万善之门。确实如此，对于不小心成为新闻当事人的新闻发言人来说，他们承受着巨大的舆论压力，很容易就会迁怒于促发这一切的介质——媒体和记者，但“见人不是，诸恶之根”，只有从内心深处真正反省自身，认识到自己言辞不慎不当之处，才会“见己不是，万善之门”。《周易·益》云：“君子以见善则迁，有过则改。”只要“迁善当如风之

① 关于“闻到闻不到”，柴静曾经做过一次类似的采访。在《新闻调查》栏目的一期节目《事故的背后》中，柴静和同事经过先期调查已确认了药厂的污染，但负责人仍坚持“绝对没有”。于是，柴静以白描的方式将该负责人拙劣的推诿过程展示了出来：我们坐在厂子的办公室里，刺鼻的二氧化硫味道，摄像师拿领子掩着鼻子，我问这位老总：“工厂的排污是达标的吗？”“是。”“有没有非法排污？”“没有。”“那我们在这儿闻到的强烈味道是什么？”“我没有闻到什么味道。”“您是说您闻不到？”我靠着椅背，歪着头，挑了一下眉毛。他的脸抽了一下：“我的鼻子，嗯，没有您那样灵敏。”我笑了一下，节目结束。这段采访很有名，很多新闻学子都希望从中学到柴静那种丝丝入扣的追问能力，试想一下，如果记者追问一句：“您是说您闻不到？”张主任又该如何作答呢？

速，改过当如雷之决”[①]，无论于己还是于组织，都可谓善莫大焉！

事实上，张子连主任不仅没有“防火防盗防记者”，而且还积极地出现在媒体面前接受采访，他为记者提供了《关于平谷六小操场异味处理的进展情况》等相关材料，并在他要求主管的贾老师到场但不知什么原因始终没来的情况下接受了记者采访。但无论如何，当公众质疑小孩流鼻血是因为毒跑道时，他却非得在调查结论没有出来之前说是因为小孩火气大，怎么看都有一种推诿责任、强词夺理的味道在其中。

---

① （明）王廷相:《慎言·小宗》。

先把官腔拿掉

他万万不会想到，自己一夜之间就化身为“史上最牛官腔主任”，人们纷纷指责：“决堤为何冲不垮官腔”“官腔也是一种灾”。

2010年6月21日，江西唱凯堤决堤，江西省防汛办副主任平其俊当晚接受了中央电视台的电话连线采访。万万想不到的是，平其俊一夜成名，从新闻发言人变为了新闻当事人，被千夫所指。我们不妨回顾一下这段时间不长的电话连线访谈内容：

主持人： 唱凯堤位于抚河的什么位置？这次的决口面积有多大？

平其俊： 唱凯堤位于江西省抚州市临川区唱凯堤灵山何家段，今天18时30分溃口，决口宽度60米，后逐步加大到100米。唱凯堤是我们省10万亩重点圩堤之一，保护12万亩农田，保护了10多万人，这条堤由于土质非常差，历史上曾经多次决口，1949年决口39处，1952年、1973年、1982年三次决口，1998年由于再次发生大洪水，唱凯堤决口，由于堵口及时，没有溃堤。针对这次溃口，省委书记、省长都非常重视，多次打电话指示，省委书记当即提出了6条指示，最主要就是要求我们全力以赴，不惜任何代价，保护好群众生命安全……（被主持人打断）

主持人：这是应该的。平主任你告诉我一下，决堤口的面积有多大？据你了解。

平其俊：目前100米宽度。

主持人：现在下游的群众是否会受到威胁？如果会的话，他们有没有得到安全的转移？

平其俊：刚才讲了，省委书记很重视，省长第一时间赶到了指挥现场，也作出了重要指示，我们及时组织，一方面上堤巡查，一方面转移人口。国家防总副总指挥、水利部部长陈雷也作出了重要指示。正在江西指导抗洪抢险的国家防总秘书长、水利部副部长刘宁第一时间赶赴事故现场。我们省防总副总指挥、水利厅厅长孙晓山，大批水利专家赶到现场抢险并……（被主持人打断）

主持人：平主任，我非常想了解咱下游的群众有没有得到及时的通知、转移。

平其俊：溃口一发生，当地立即组织圩区群众进行转移，另一方面组织堵口，目前我们已经调了军区武警等和水利专家1000多人赶赴现场，同时，为了救生，调了6950件救生衣、37艘冲锋舟，国家防总也调拨了橡皮艇、冲锋舟、应急灯，今天晚上21点30分，我们启动了Ⅰ级防汛应急响应……

主持人：非常感谢你们的及时出动，我的问题问完了，谢谢。

这段采访只有3分钟，从访谈过程来看，平其俊的态度很认真，声音很平和，既没有闪烁其词，也没有口出狂言，一直在努力配合着主持人的提问，但是，他万万不会想到，就是这么一次短短的、尽心尽力负责任的履职过程，竟然让自己身陷舆论狂潮，一夜之间化身为“史上最牛官腔主任”，人们纷纷指责：“决堤为何冲不垮官腔”“官腔也是一种灾”。

官腔，是一种特殊的语言方式，指为官者特有的一种腔调，官腔是官场中的门面话，目的是用一些官场辞令或口吻来应付、推托或责难别人。官腔源于何时，现已无从考证，但官腔具有的鲜明特点，几乎人人都能听得出来，比如拿腔拿调、空话套话、模棱两可、冠冕堂皇、大义凛然，等等。

“7·23”动车事故发生后，有网友为各级领导和官方媒体炮制了标准讲话稿，对内容空洞、形式刻板、套话连篇的官腔进行讽刺：

> 事故发生后，________高度重视，________当即作出批示，要求不惜________抢救伤员，查明事故原因，积极做好善后工作。________当晚赶到事故现场指挥搜救，接着连夜赶往__________看望伤员，安排部署施救和善后工作，__________在发言中强调要认真贯彻执行__________的批示，举一反三吸取____________，立即开展__________大检查……

在老百姓的眼里，官腔是一个贬义词，打官腔，就是在说些政治正确的废话。有人在认真总结之后，认为官腔有“四美”①。

一是韵律美。该作者回忆了自己去拜访某领导的过程，去的时候领导

① 郎遥远：《中国特色官腔的经典美学》，见凤凰博客“郎遥远”。http://blog.ifeng.com/article/6060373.html.

正在接电话:“哈哈——哪里，好的好的-——唷嗬——嗯嗯……”声音时高时低，时缓时急，抑扬顿挫，韵律感十足。放下电话，领导发现他等候多时，连忙问“你是——”声音拖得绝对有分寸，听他做完自我介绍，领导一声“噢——”，让人感觉他既是在认真倾听，又是在努力搜罗记忆，不愠不火，恰到好处。继而“呀哈哈——”，一副恍然大悟状，“失敬失敬，哈哈——”，一串激扬的笑声，过程中表现出来的韵律美，令他叹为观止。

二是力量美。该作者提到他在一个报告会上听到的领导讲话:“在机遇面前，我们一定要以发展的责任感促使我们思想上的大转变，带动全县人民认识上的大提高，唤起改革的大动力，从而取得我县各项事业的大发展。”如此气势磅礴的语言怎能不让人热血沸腾?台下又怎不掌声雷动，欢欣鼓舞?

三是层次美。比如某领导的即席总结发言:“听了以上同志的发言，我很受感动。他们给大家上了一堂很生动的教育课。这里，我不再多讲什么了，就三句话:一是对这次会议的主题要反反复复领会好；二是回去要原原本本汇报好；三是在今后的工作中要扎扎实实落实好。”三段式表达充满了“层次美”。

四是朦胧美。该作者认为，官腔之朦胧，犹如隔岸观花，虽闻其香，却无法触及“实物”；更如苍穹悬月，金盘虽满但相距遥遥。比如，报载某地出一贪官，当记者采访该地主要领导时，领导不无感慨地说:“教训是非常深刻的(如何非常深刻?)，我们班子成员都有责任(责任到底在谁?)。这件事我们要一查到底(具体怎么查?)，把损失降到最低限度(何为最低限度?)。”这一席“深刻的表白”，实乃“放之四海而皆准”，充满了官腔“朦胧美”的“神韵”。

官腔的美，老百姓无法欣赏。长期以来，在生于斯长于斯的政治土壤里，官腔始终长盛不衰，但是，当把它移植到媒体环境中，淮南为橘淮北为枳的不适应立刻就体现了出来。

平其俊就是一个典型案例，在一段一共只有 708 个字的访谈中，441 个字都是废话，百度“平其俊”词条总结道：“在一段 3 分钟左右的电话连线里，……平主任提书记 3 次，省长 2 次，部长厅长各 1 次，明显事前做了精心准备并且将大小、远近、轻重、缓急分得十分清楚。整个电话连线，除了百姓生死，面面俱到，处处逢源，官腔浓郁，八股十足，平其俊平主任的官场大局观透彻，思路清晰，‘只唯上’的立场坚定不移，堪称官僚典范，当代公务员样板。”

事实上，这次连线，记者只问了两个问题：“唱凯堤位于抚河的什么位置？这次的决口面积有多大？”“现在下游的群众是否会受到威胁？如果会的话，他们有没有得到安全的转移？”平主任对这两个问题也都做了回答，但问题在于，他在回答之前介绍领导的篇幅太长了，让人感觉吃包子总也吃不到馅，于是在忍无可忍中，将他推上“史上最牛官腔主任”的“宝座”。

平其俊在接受《中国经济周刊》记者采访时回顾了这次采访的整个过程，其中有几个细节值得引起注意：一是这次访谈本来应该由江西省防汛办主任祝水贵来做，当晚由于祝水贵主任紧急协调其他事情，临时改由平其俊负责。当央视的导播打电话过来时，正在忙碌的平其俊希望过一会儿再接受采访。导播告诉他，马上就需要连线。平其俊表示，需要等溃口情况的材料整理好后才可以。二是针对采访内容，平其俊和央视导播电话沟通过，“我把材料上的内容讲了一下，并强调，溃口发生不久，第一时间告诉大家党和政府已采取措施，正在组织群众转移，让大家放心”。导播特意交代他说：你可以简单一点。三是因为是电话连线，他甚至误以为接受的是中央人民广播电台的采访。

从这三点来看，第一点平其俊做得很对，要等材料整理好之后再接受采访，但是第二点和第三点则暴露了他在媒体沟通方面经验的短缺。一是不知道自己将要面对的是什么样的媒体。在他接受采访的那个年代，中央电视台和中央人民广播电台的影响力是不可同日而语的，中央电视台主持人和中央人民广播电台主持人的影响力也大不相同。试想一下，如果那天不是中央电视台的实时连线采访，不是主持人邱启明在微博的吐槽，平其俊可能只是很多个突发事件发生后被采访的官员之一，接受完采访就可以洗洗睡了，但可惜的是，平主任对介质的区别并不敏感，导致自己成为“史上最牛官腔主任”。二是导播在连线前已经明确告诉他，要简单一点，但在连线时他依然拖泥带水，和平时做会议报告并没有两样，“在一段 3 分钟左右的电话连线里，……平主任提书记 3 次，省长 2 次，部长厅长各 1 次，明显事前做了精心准备并且将大小、远近、轻重、缓急分得十分清楚”，以至于由此引发了舆论的轩然大波。

平其俊觉得自己有些冤，因为他认为“我在回答时，领导的指示我没有照读照背，就是告诉大家我们当时掌握的情况，告诉大家，党和政府在行动，在组织营救圩区群众这个信息”①。他说，事后他反复看那段采访视频，就是看不出错在了哪里，坚持认为自己没有讲错话。但问题在于，在哪一个重大突发事件面前，党和政府不在行动呢？在河堤决口的当下，公众更为关注的是人民生命财产安全，透过媒体传达的主要信息也应该是群众受损、伤亡等情况。

平其俊说，他是“搞技术的、专业的人”，这一点可以理解，但不能成为托词，因为你只要以政府官员的身份出现在媒体面前，代表的就是一级政府的形象，必须具备相应的媒介素养，这是当今这个时代对官员提出的必然要求。

---

① 董显苹、赵静、杨英：《争议平其俊》，《中国经济周刊》2010 年 7 月 13 日。

就平其俊事件而言，教训主要有三点。

一是政治语言和媒体语言是两套不一样的语言体系，在面对媒体的时候，必须对自己游刃有余的政治语言进行改造，将其转换为适合在媒体发表的语言，而改造的必经之路，就是先把官腔拿掉。比如，在汇报工作时，人们通常会在一开始罗列各级领导的高度重视，但在公共沟通的时候，这样的罗列就会被认为是官腔，成为沟通障碍。

二是媒体关注的重点和官员关注的重点不一样。比如在河堤决口的时候，平其俊关注的重点是只要党和政府在行动，群众的生命财产就可以得到保障；记者肯定也会关注这一点，但他们更关注的，是人民群众的生命财产安全，尤其是是否有人失去生命。因此，突发事件发生后接受记者采访时，一定要有人文关怀，要从人的命运切入表达。

三是平其俊事件充分说明了“知己知彼”的重要性。即便如平其俊自己所言，他是“搞技术的、专业的人”，也一定要熟悉媒体运作的基本特点，因为只要是以新闻发言人的身份出现在媒体面前，代表的就是一级政府的形象，从新闻发言人变成新闻当事人，不仅对自己的伤害很大，对政府形象的伤害更是无法弥补。

究竟谁是谁的父母呢？

当“父母官”和“衣食父母”同时出现在一段陈述中的时候，难免会让人疑惑，官员和百姓，究竟谁是谁的“父母”呢？

2018年4月4日，在以乌坎事件为演练背景的电视访谈情景模拟中，我向扮演汕尾市委书记的学员提出了一个问题：

“有专家指出，乌坎问题的解决，还是没有逃脱政府让步，甚至在一定程度上是花钱买平安的模式，请问你怎么看？”

学员回答说：作为市委书记和“父母官”，我对这次乌坎事件一直在深刻反省，在事件的处置过程中，我们犯了官僚主义的错误，造成了极其负面的影响。群众是我们的衣食父母，犯这样的错误是不可原谅的，现在虽然事件初步得到了平稳解决，但接下来，我们一定要拿出有效的应对措施，进一步完善制度，防止此类事件再次发生。

应该说，这段反省态度是真诚的，内容也颇为深刻，但我注意到，在这段表述中，两次出现了“父母”的说法，一次用来描述官员，一次却用来形容百姓，于是我故意追问：

“我注意到，刚才你先说自己是‘父母官’，又说群众是你的‘衣食父母’，这让我有点乱啊，究竟谁是谁的父母呢？”

听到这个问题，学员自己都忍俊不禁，哈哈大笑起来。

“父母官”来源于《礼记·大学》：“《诗》云：‘乐只君子，民之父母。民之所好好之，民之所恶恶之，此之谓民之父母。”《孟子·梁惠王上》中也出现过：“为民父母，行政，不免于率兽而食人，恶在其为民之父母也？”这些先秦文献将统治者比喻为“父母”，主要表达两层意思：一是在情感上要“爱民如子”；二是在职责上要“为民做主”。“衣食父母”的说法最早见于《窦娥冤》第二折：“你不知道，但来告状的，就是我衣食父母。”在这里，关汉卿用他的如椽之笔讽刺了贪官污吏黑暗险恶的卑劣作为，但也通过文字的反讽功能，彰显了劳动人民才是真正的衣食父母的深意。

中国语言文字的精妙常令人叹为观止，无论是“父母官”还是“衣食父母”，都不过是一种比喻的修辞手段，通过“打比方”的方式，起到施展文采，铺陈辞藻，让抽象的事物具体化、复杂的事物浅显化的效果。但是，当“父母官”和“衣食父母”同时出现在一段陈述中的时候，难免会让人疑惑，官员和百姓，究竟谁是谁的“父母”呢？

这显然不能简单地论辈分，更不能视之为文字游戏，其背后折射出来的是执政理念问题。百姓称官员为“父母官”，是因为受到了长期以来封建“家长制”的影响；官员称百姓为“衣食父母”，则是因为在社会契约论的框架下，百姓让渡权利才产生了政府，官员公帑也来源于“纳税人”，故而官员变成了人民公仆。

刘长卿在《弹琴》中感慨，“古调虽自爱，今人多不弹”。语言，作为人类不可或缺的交流工具和文化信息的重要载体，必然会随着社会发展而不断创新，而在语言三要素——语音、词汇和语法中，词汇的发展变化速度最快，新事物的出现、旧事物的消亡以及人们认识的深化，必然会带来相应的词汇变化、词语替换和词义演变。在现代政府的语境下，政府官员是公务员，既不是谁的父母，也不是谁的孩子，无论是“父母官”还是“衣食父母”的说法，都是不合适的，因此，政府官员在语言运用上，也要注意与社会发展保持一致，既不说错误的语言，也不做过时的比喻。

一些备受争议的政治修辞表达

> 遭遇了严重灾害或不公平的戕害，谁人还能保持“情绪稳定”？除非他不是人，没有七情六欲。

政治修辞也是一种执政能力，但是近年来我们发现，有一些政治修辞表达沉迷于模板化，不分对象和时空，内容空泛、结构僵硬，忽视基于人性、生命、伦理的自觉阐发，只是单调的精神传递、指令发布和主观念白，把人文情怀挤压得喘不过气来。这些政治修辞表达在过去某个历史阶段，或某个情境之下运用没有问题，但在互联网时代，随着人们权利意识的日益增长，当政府官员再说出这些词语时，却突然被网友热议、甚至嘲讽，这就提醒我们，要适应时代的发展，运用更具针对性、实效性与说服力、亲和力的修辞表达方式，拉近政治语言与生活语言的距离，使官方话语体系与民间舆论场对接。

别有用心

这些年来，无论是在官方发布的信息中，还是在政府官员的表态中，“别有用心”这四个字总是被屡屡提及。比如，在乌坎事件中，2011 年 12 月 9 日，在汕尾市政府举行的新闻发布会上，汕尾市委书记说，乌坎事件“被村内外一些别有用心的人所炒作、利用、煽动，企图将事件升级”；又如，在“南航前 11 排事件”中，陕西共青团网站刊出新闻：8 月 11 日，按照团市委的统一指令，团区委官方微博、微信及时转载《当心！别有用心者正在利用南航的浮夸挑起“对立”》……发动我区青年网评员、网宣员、网络志愿者积极转发评论，对事实进行及时澄清，确保舆情总体平稳。而在《媒介采访实训》课程中，只要涉及官民冲突的群体性事件演练，“别有用心”的说法总是被学员不断提起。

为什么“别有用心”的说法层出不穷？有评论一针见血地指出，近些年大规模群体性事件的发生，往往有地方政府工作没有做好，发生问题后处置不当的原因。中办 、国办日前印发的《关于实行党政领导干部问责的暂行规定》明确提出，要对“在行政活动中滥用职权，强令、授意实施违法行政行为，或者不作为，引发群体性事件或者其他重大事件”的党政领导干部进行问责。借口群体性事件是少数别有用心的人挑起的，来掩盖自己工作失误或减轻自己应负的责任。

进一步分析我们就会发现，“别有用心”是典型的诛心之论。《后汉书·霍谞传》记载：“《春秋》之义，原情定过，赦事诛意，故许止虽弑君而不罪，赵盾以纵贼而见书。”意思是说：《春秋》的主张，根据情由定过错，宽容事实惩罚动机，许止虽然杀君，但是无罪，赵盾虽然没有亲自杀君，但他是贼首，所以还是被定为杀君之罪，后人称为“诛心之论”。所谓“诛心之论”，指在批评对方之时，不针对对方的行为、语言谈问题，而是绕过行为、语言去指责对方此行为、语言的目的、动机。所以“诛心之论”又被称为“动机说”。

“别有用心”的说法，既不符合从前提推出结论的逻辑过程，也与现代法治精神格格不入。在一个法治社会，一个人违法与否，取决于他的行为——做了什么或没做什么——是否造成了法律规定的破坏性后果，而不是他的“用心”是怎样的。至于“用心”，那是一个人的自由，我想上天，我想抢银行，我怎么想都可以，只要我没有真的去实施，就不能被治罪。

因此，在“将推进国家治理体系和治理能力现代化作为全面深化改革的总目标”的今天，领导干部的语言也要跟上时代的节奏，讲科学讲逻辑，以事实为依据，以法律为准绳，不做“诛心之论”，不说“别有用心”。

不明真相

不明真相，顾名思义，就是不知道事情的实际情况，出自鲁迅《且介亭杂文·关于新文字》。

近年来，尤其是一些群体性事件发生后，“不明真相”的说法屡屡被用到，比如，“不明真相”的群众被“别有用心”的人蛊惑，等等。这就使得“不明真相”这个本来意义中性的词汇，被赋予了另外一种含义，成了“污名化”群众的一个专用词汇，引起了网民不满，常常以“不明真相”自嘲，借此表达讽刺之意。

网上较早对“不明真相”展开热议是在瓮安事件发生后。2008 年 6 月 21 日，瓮安三中女生李树芬跳河自杀后，由于处置和沟通严重不到位，导致了在李树芬头七这天，即 6 月 28 日，瓮安县有将近 3 万人聚集起来游行，并火烧了县委、县政府、县公安局等机构的大楼。瓮安事件发生后，7月2日，《贵州日报》发表了一篇题为“瓮安事件目击人：不明真相的群众被黑恶势力利用”的报道，在互联网上引起了一波讨论，有人认为，不把真相通过有效途径告诉群众，而是反过来责怪群众“不明真相”，这究竟是什么逻辑？

评论《瓮安事件，群众为何会不明真相？》认为，应该说，“群众的眼睛是雪亮的”这话没有错，但前提是群众必须拥有充分、权威的信息源，供其分析甄别。文章强调，如今，在某些地方，在信息资源掌控能力上，掌握公权力的政府部门和群众之间存在着严重的不对称。政府部门只有及时发布信息，确保权力在阳光下运用，方能取信于民，这也是维护提升政府公信力的必要条件。

新华社在2009年7月28日发表“新华时评”《群体性事件中少用“不明真相”》，评论指出，近年来，一些地方在发布有关群体性事件的信息时，爱用“不明真相人员”“不明真相群众”等词句。日前，吉林通钢集团通化钢铁股份公司发生群体性事件后，“不明真相”一词再次被反复提及。这一说法耐人寻味，值得反思。

首先，如果说群体性事件的发生是“不明真相”的群众被少数“别有用心”的人蛊惑、挑动的话，那么在事件发生之前为什么不能让群众知道“真相”？或者在事件酝酿阶段和刚露苗头之时，为什么不用公布的“真相”平息群众的疑问，把群体性事件化解在萌芽状态？说群众“不明真相”，并不等于真理站在了自己一边，反而暴露出有关部门没有尽到应尽职责。

其次，指责参与群体性事件的群众“不明真相”，无异于说老百姓没有分辨是非的能力，这与事实不符。不容否认，有些事件确是因信息不实造成一些群众盲目参与，但即便是这样的事件，一般也有其发生的深层次原因。瓮安事件最终证明当事人是因溺水死亡，但根子上却与当地侵犯群众利益的事情屡有发生，群众安全感指数很低，干部作风粗暴、工作方法简单相关。老百姓都愿意过安定的生活，在某种程度上说，群众的眼睛是雪亮的。

再次，把群体性事件说成少数人教唆“不明真相”群众引发的，还有推卸自己责任的嫌疑。评论最后指出，当群体性事件发生时，轻易地称成百上千的群众为“不明真相”，是传统思维模式在作祟。贵州省委书记石宗源在就瓮安事件的经验教训回答记者提问时说，要打破群体性事件是“不明真相的群众在少数坏人的煽动下”发生的公式，值得人们深思。

可见，解决问题的关键不在于着急忙慌地指责群众“不明真相”，而是要真正面对问题，解决问题，并将解决的结果及时发布给公众，唯其如此，“不明真相”的群众才会越来越少，政府与群众之间的信任才能真正建立起来。

不法分子

应该说，名实之辩贯穿了几千年的人类历史，但不管怎么辩，名副其实是大家公认的一个道理。

关于名副其实，我有一段印象深刻的记忆。我的第一份工作是在一家电视台，那时还很年轻，20岁出头，一副“后浪”的样子。有一天闲来无事，我坐在编辑室看“前浪”主编审稿子，看到他把一篇通讯员来稿中的“犯人”二字改为了“犯罪嫌疑人”，不禁问道：“咦，李老师，小时候我常常听大人们说‘审犯人’‘审犯人’，这个说法难道不对吗？”“这篇稿子里提到的是一位被公安干警刚刚抓起来的人，还没有经过审判证明有罪，所以不能说就是‘犯人’，而应该是‘犯罪嫌疑人’。”“前浪”回复道。

我觉得不解渴，就去查资料，彻底搞清楚了这两个概念的意思。犯人，或者说罪犯，指的是触犯刑律而被法院依法判处刑罚、正在服刑的人。而犯罪嫌疑人，是指对因涉嫌犯罪而受到刑事追诉的人，是在检察机关正式向法院对其提起公诉以前的称谓。犯罪嫌疑人和罪犯不同，依无罪推定的原则，除非经审判证明有罪确定，犯罪嫌疑人是无罪的。

但是，“大人们说‘审犯人’”也没错，因为直到1979年7月1日第五届全国人大第二次会议通过、1980年1月1日起施行的我国第一部《刑事诉讼法》，才明确规定了犯罪嫌疑人的概念。应该说，从“犯人”到“犯罪嫌疑人”，这一称谓的改变，是我国法律确定无罪推定原则的一个标志，是中国司法的一大进步，体现了对人权的一种尊重。此后，犯罪嫌疑人的说法逐渐普及开来，尤其在公共媒介上，随着媒体人法律意识的提高，“犯罪嫌疑人”的表述已成为基本规范。

由此可以看出，名副其实确实十分重要，不然，仅仅是一个“犯人”的称呼，就可能让一个本来无罪之人在公众形象中成为戴罪之人，这是非常不公平的。那么，回到我们要说的不法分子，这个说法是不是名副其实呢？

首先我们来看，什么是不法分子呢？在现代汉语中，不法分子一词指的是违背整体法律秩序的人员，其行为是从整体法秩序的角度被赋予否定性评价的行为，它实际上已经触及法秩序所能容忍的极限，只能采用法律制裁这种严厉的规制手段（法律责任）予以调整了。换句话说，不法就是违法的意思，不法分子就是违法分子，是违法的人。

我还清晰地记得在一个培训班次上，最后一个演练情景是PX项目的新闻发布会，一位扮演市长的学员在主发布的时候说“不法分子”怎么样，他的话音刚落，台下一位扮演记者的学员马上站起来，打断他问道：

“请问市长，现在事件还没有进入司法流程，你以什么为依据得出‘不法分子’的结论呢？”一句话把那位“市长”问得愣在了台上，不知道说什么才好。

但是，这些年来，我们看到不少政府官员在公共沟通的过程中，经常会用到“少数不法分子如何如何”的表述，尤其在一些群体性事件的舆论引导中，“不法分子”更是一个经常被提到的热词。但就像那位学员记者所提出的，事件还没有进入司法流程，没有经过法律审判，事件参与人员怎么就成了不法分子了呢？这不是典型的未审先判吗？培根曾说，“一次不公的裁判比多次的违法行为更为严重。因为违法行为不过弄脏了水流，而不公的裁判则把水源败坏了”，更何况，很多说出“不法分子”一词的还不是法官，而是政府官员，这就不仅是未审先判，而且是权大于法了，是公然与“依法治国”的国策相对立的说法，显然是有很大问题的。

毛泽东在《反对党八股》一文中指出，共产党不能靠吓人吃饭，而是要靠真理，靠实事求是，靠科学吃饭。因此，还是那句话，一定要尊重事实，尊重法律，名副其实地说话，实事求是地表达。

从重从快

从重从快是一个使用频率较高的字眼，涉及重大案件时，总会有领导强调要“从重从快”。比如，杭州警方表示：依法从重从快处理“8·4”交通肇事案；河南公安厅有关负责人表示，一定要加紧办案（河南平舆系列杀人案），依法从重从快惩处；“12·13”案件发生后，山西省委、省政府高度重视，省委书记王儒林要求迅速查清事实，依法从重从严处理，等等。

1997 年第 8 期《法学》杂志，有一篇《“依法从重从快”的来历》的文章，是一篇对上海高级人民法院前副院长杨时的专访，文章中，杨时院长说，如果我没记错的话，那是在1980年上半年，一位中央政法工作方面的领导来上海视察政法工作，在一次座谈会上，他提出了要根据形势需要，迅速开展从重从快打击危害社会治安的刑事犯罪分子的活动。虽然那位领导声明是他个人的意见，但政法战线的同志历来服从领导的观念比较强，因此在实际工作中总是积极贯彻领导的意图，因此带来了工作上和执法上的一些混乱。

1980年下半年，杨时以上海法学会会员的身份在一次学术研讨会上，作了从重从快打击刑事犯罪分子究竟应“依两法（即《刑法》和《刑事诉讼法》）进行”，还是“依形势需要进行”的发言，这是法学界首次探讨“严打”问题，引起了一场风波。在杨时同志看来，既然制定了“两法”，就没必要强调什么“形势需要”，否则会引起思想混乱。

做进一步的分析，“一律从重从快处理”，听起来正义感爆棚，但仔细斟酌，这种说法更像是一种情绪化表达，是一种不科学的、运动式的法治态度，带有强烈的人治意味，与“法治社会”格格不入。

事实上，是否采取从重处罚措施，法律有详细而严格的界定，除了立法机关外，其他任何人都无权变更这些条文。而从重与否，应该由司法机构依据法律和犯罪事实来衡量，而不是由某个领导的行政命令来决定。而从快，牺牲的是司法过程中的程序乃至实质正义，法律对所有的司法环节都明确了一定的时间，旨在有充足的时间查明事实、准确定性、恰当量罚（刑），从而保证执法效率，这个法定的时间流程并不能因为某位领导的个人意志而改变，即使这个意志反映了大多数人的意见。

比如一起系列杀人案发生后，舆论恨不得马上就把犯罪嫌疑人斩首，但是不是斩首，什么时候斩首，必然要经过严格的司法程序来判定，而不是由舆论或某位行政领导的命令来决定。

1983 年 9 月 2 日，全国人民代表大会常务委员会通过的《关于严惩严重危害社会治安的犯罪分子的决定》和《关于迅速审判严重危害社会治安的犯罪分子的程序的决定》，对从重从快的具体内容作了规定。所谓从重，是指在法定的量刑幅度以内从重；所谓从快，是指在法定办案程序和时限以内从快。依法从重从快打击的对象是严重刑事犯罪分子。

即便如此，依然有人指出，任何犯罪尤其是重大犯罪，必然是人神共愤的，但感情不能代表法律，更不能逾越法律。法律不是橡皮筋，不能说此时此地可以“从重从快”，彼时彼地就可以“从轻从慢”。而在对重大犯罪行为的打击上，从来都应该是“从重从快”的，而不应领导强调时才“从重从快”，不然的话，人们就会怀疑，有些破不了的重大案件，是因为领导没有要求“从重从快”，这会使人们产生不恰当的理解，引发消极后果。

由此看来，“从重从快”的确是一个不严谨的表述，不说也罢。

不要恐慌

新冠肺炎疫情扩散到美国之后，特朗普不断要求媒体和政界人士（民主党人）不要围绕病毒制造恐慌，对此，美国民主党人、参议院少数党领袖舒默（Chuck Schumer）抨击特朗普称：“事实上，他在责怪所有不叫‘特朗普’的人。总统在淡化，他在淡化达到危险程度的新冠肺炎疫情的威胁。”

看起来，对于执政者来说，确实很害怕公众恐慌，但是，如果令人“恐慌”的客观威胁确实存在的话，官员一味强调“不要恐慌”，公众就真的不恐慌了吗？

我们先来看看，新冠肺炎疫情期间，人们为什么会恐慌呢？毫无疑问，是新冠病毒！虽然特朗普说让大家不要恐慌的时候，病毒在美国还没有形成燎原之势，但之前在中国发生的事情，难道特朗普没有看见吗？事实上，早在一月份武汉封城之际，美方就第一时间派包机接走了在武汉的领馆官员。如果没有感觉到病毒的威胁，干吗要这么劳心费力呢？

那么，如果现实威胁是客观存在的，“恐慌”就是人的机体的一种自然的物理的本能的反应，这个时候，你非得说“不要恐慌”，这显然是毫无用处的。

那么，特朗普为什么那么害怕公众恐慌呢？

有人说，担心公众恐慌，是长期以来政府管理中“成人儿童化”的视角倾向——把公众当作没有自控能力的儿童看待，担心公众一旦知晓真实情况的危险性，就难以自控。而难以自控的结果，就会发生抢购、逃城等一系列问题，若是再想想疫情下美国人民囤枪囤子弹的生存经验，特朗普不希望公众恐慌的感受就太能理解了，真到那个时候，就算有三头六臂，恐怕也难以控制。

可见，当管理者说“不要恐慌”的时候，顾虑的不是公众的恐慌情绪，而是恐慌情绪导向的社会行为，以及由此带来的一系列行政管控压力和社会秩序失衡。

但问题是，你说“不要恐慌”，公众就真的不恐慌了吗？结果可能和你想得恰恰相反，当官员对公众说“不要恐慌”时，公众的反应可能是这样的——

“肯定发生了什么真的会让人恐慌的事情了。”

等真确认了有不好的事实发生，反而进一步强化了公众的恐慌情绪，而不是让大家感到不再恐慌。

"这些官员知道大家快要恐慌了，情况一定很糟糕。"

不仅确认了糟糕的情况，提升了公众警觉，而且公众开始用"这些官员"这样的词汇，表达对官员轻蔑的态度和厌恶的感情色彩。

"这些官员自己快要恐慌了。"

情况越来越糟糕，公众对官员的态度不仅依然轻蔑和厌恶，而且增加了对政府管理能力的不认可。

"他们以为我们要恐慌了，这太侮辱人了。"

到此时，从一个基本的事实判断变成了强烈的敌对情绪，这可就真的是满满的负能量了。

不就说了句"不要恐慌"吗，怎么最后成了捡起石头砸自己的脚，自我贬低，自毁长城了呢？一方面，《津巴多普通心理学》中提道：恐惧的情绪不被理解和不被共情的做法，叫作"负强化"。也就是说，面对新冠肺炎疫情，如果公众的恐慌情绪不能被当政者理解和共情，只会让公众的消极感更强烈。另一方面，公众是有"恐慌权"的。在2016年的山东问题疫苗舆情事件中，题为"'恐慌权'是什么鬼"的评论认为，民众的恐慌是根本憋不住的，因为免于恐慌的自由无法找到，就应该允许人们有恐慌的自由。这种恐慌的自由，人们称为"恐慌权"。

因此，对特朗普来说，面对新冠肺炎疫情，与其让公众"不要恐慌"，不如实实在在地告诉大家，政府已经采取了哪些有效措施，让大家真正感觉到危险在逐渐消除，这样一来，人们自然就不会恐慌了。

不要猜测

和“恐慌权”一样，公众有猜测的权利。

试想一下，突发事件发生后，人们迫切想知道什么？肯定是究竟发生了什么，有没有人员伤亡，财产损失多少，接下来的事件会怎么发展，为什么会发生这样的事情，谁应该为此负责任，等等。但是对政府来说，一方面，信息需要一点点报上来，而且即便报上来，有些信息可能也只是局部信息，是尚不确切的消息，或者是还在不断发展变化的信息；另一方面，政府发布信息的一个基本原则是准确性，因此，必须对上报来的信息进行核实和确认，这都需要时间。所以，在突发事件发生后的信息空窗期，政府发布的信息很难满足人们对信息的需求。

在这种情况下，难道公众就会抑制住自己的好奇心，什么都不想，一直等着政府发布信息吗？当然不会，此时的舆论场上必然是充斥着各种鱼龙混杂的信息，包括很多猜测甚至谣言。这个时候，就像在一次新闻发布会演练时，一位常务副市长习惯性脱口而出的“请大家不要猜测”，这样的说辞又能有怎样的力量呢？点评的时候我说，政府可以及时发布权威信息来与谣言展开赛跑，但是，你不能剥夺他人猜测的权利。

当然，我们可以理解为，这位常务副市长所说的“请大家不要猜测”，指的是请大家一定要保持理性。对此，笑蜀在评论文章《谨防理性成为奢侈品》中写道，在弱者随时可能被真相黑洞吞噬的情况下，理性如果徒托空言，如果于事无补，也就不能指望公众相信理性，依靠理性。只有当公众通过自己的日常生活切身体验到理性确实有力量，确实起作用，确实不是奢侈品，那时理性才会成为他们追求的目标。

这里涉及一个对谣言的理解问题，通常人们认为，猜测的信息就是谣言，事实是这样吗？在沈阳大帅府，导游对着一个门帘讲了一个故事。1928 年 6 月 4 日，在皇姑屯事件中，张作霖被炸成重伤，当天送回家就咽气了，但张家秘不发丧，而是把大帅安置在这个帘子后面的房间里，五夫人每顿饭都要送进去，每天还假装接见医生，以至于有记者前来采访也没有发现异常，直到张学良 6 月 18 日赶回沈阳，21 日继承父亲职务后，才正式公开发丧。

可见，“张作霖已死”是谣言，是人们的猜测，但它是个真消息。

所以我们说，谣言是“未经证实的消息”，可能是假，也可能是真，有点像“薛定谔的猫”，生死叠加，既生又死。在这里，谣言摇身一变，变成了一种“公共”的非正式媒介。也就是说，当公众对信息的需求大于制度性渠道的信息供应时，当身边发生的事件威胁了正常生活的理解基础时，谣言就会突破个人边界，大量繁殖，不胫而走，如卡普费雷所说“谣言不是从真相中起飞的，而是要出发去寻求真相”。

那是不是说，人们就可以随便造谣了呢？

当然不能。每个人都要对自己的言行负责任，言论，既有道德边界，也有法律边界。“最大的言论自由也不保障任何人在戏院中有诳呼失火造成惊慌奔逃的自由”，如果一个人所说的话触犯了相应的法律条款，不管有什么样的理由，他不仅会成为被道德谴责的目标，必然也会成为被法律惩处的对象。

情绪稳定

“情绪稳定”在网络用语中，常用来讽刺中国式官话、官腔，比如“遇难者家属情绪稳定”。

2015年9月5日，山东东营政府门户网站发布消息：截至9月5日12时，位于利津县的山东滨源化学公司“8·31”着火爆炸事故的现场搜救工作基本结束。事故造成13人遇难，遇难者亲属情绪稳定。现场废水已全部抽至应急事故池进行无害化处理。空气质量正常。

消息发布后，引来网友广泛关注。网友“etol2006”表示，不应再提情绪稳定这个说法，没有什么意义，亲属激动和悲伤是正常的，说了反而显得关注点不在同情上。网友“太空信号”表示，遇难者情绪能稳定吗？搜狐网评论道：“遭了严重灾害或不公平的戕害，谁人还能保持‘情绪稳定’？除非他不是人、没有七情六欲，除非他受了或明或暗的裹挟甚至是胁迫！翻看诸多‘情绪稳定’的主旋律报道，那真是：满纸荒唐言，一把辛酸泪；都云‘情绪稳’，谁解其中味！”

确实是，“8·31”爆炸事故造成了13人遇难，换位思考一下，自己的至亲遭遇不测突然离开人世，又有谁能做到情绪稳定呢？之所以强调情绪稳定，说到底还是维稳意识在起作用，为此，还有一个很有意思的故事。

贵阳市黔灵山公园是中国唯一的天然城市中央公园，园内生活着数百只野生猕猴。这些野生猕猴在公园内自由生活、繁衍，十分调皮可爱，深得游客和当地市民的喜爱。在黔灵山公园内，每天都有市民自发前往喂养猕猴。2011年12月20日，几位前来喂养猕猴的市民在公园内的一座山顶上发现了四只猕猴的尸体，市民说其中有一只是一个猴群的猴王，叫白脸哨猴王。四只猴子一次性死亡引起了人们关注，当有记者去采访的时候，黔灵山公园的相关负责人告诉记者，死亡的大猕猴还不能确定是不是猴王，但山上其他猕猴的情绪较为稳定。

2011年12月23日，中国新闻网发了一则新闻，题目是：《贵阳一公园野生猴王死亡 负责人：其他猕猴情绪稳定》，这不过是一条马上就被淹没掉的碎片式民生新闻，但是，“其他猕猴情绪较为稳定”的说法一下子触碰到了人们的敏感点，于是，各种调侃讽刺纷纷出炉，网友评论：众猕猴们纷纷表示“情绪稳定”！维稳工作，深入“猴”心啊。

因此，突发事件发生后，面对生命的不幸离去，与其自我陶醉式地强调“情绪稳定”，不如以同理心表达哀悼和慰问，并以诚恳的态度做好善后工作，这既是对遇难者应有的尊重，也是对生者该有的尊重。

人格担保

有些领导干部，为了证实某些事情的真实和自己的清白，总是拍着胸脯坚决地说“我拿我的人格担保”，试图通过这种方式来建立信任。比如，在2014年的腾格里沙漠污染事件中，阿拉善盟腾格里经济技术开发区环保安监局局长在接受《中国之声》采访时说“我敢拿人格担保，污水没有埋到沙里面。我们怎么可能把污水埋到沙子里呢，这不可能是事实。”但实际情况是，记者已经拍到了相关视频，该局长因此深陷“领导的人格很不值钱”的嘲笑和讽刺之中。

在2012年5月14日巧家县公安局召开的新闻通报会上，巧家县副县长、公安局局长表示：我以一个局长的名义和自己的前程来担保，赵登用就是此案的嫌疑人。但调查很快就证明，赵登用本身也是受害者，当记者再致电这位公安局局长时，电话再也打不通了。我们并不希望一句话就牺牲“局长的名义和自己的前程”，但大丈夫一言既出，驷马难追，动辄担保却又言而无信，只能让自己名誉扫地，同时严重影响组织形象。

为什么有人会用人格来做担保呢？

我们来看“什么是人格”？人格，是个人的尊严、价值和道德的总和。对某个个体来说，人格是无价的，正因为如此，在政治、情感以及其他交往领域，“以人格担保”才能成为交往中获得对方信任的一种方式。“以人格担保”隐含着这样一个价值关系的逻辑推理：如果“我”撒谎，那么“我”就失去了“人格”，而“人格”对于“我”来说，其重要性之大，足以使“我”不会去做出撒谎的事情。这种直指自我价值的逻辑推理，其目的十分明确：为了获得对方的信任。这也是为什么“人格担保”作为一种语言现象，长期存在于人类的社会交往过程中。

但严格来说，“人格担保”是经不起推敲的。

首先，人格是不能独立于当事人而存在的。如前所述，人格对于你自己而言是无价的，但是一旦让渡给他人，你的人格对于他人而言是毫无价值的，那么，当你违约的时候，对方应该如何来维护自己的权益呢？因此，“人格”是不可以作为“抵押”和“担保”之物的。

其次，“人格担保”其实是一个悖论。如果对方认可你的人格，你根本无须以“人格”担保；如果对方不认可你的人格，不觉得你的人格具有担保意义，那你就无法以“人格”担保。因此，面对这个“悖论”，既不要轻易用自己的人格去担保什么事情，也不可轻信他人所谓的“人格担保”。

再次，市场经济是契约经济，在任何经济契约中是不存在“人格担保”的。从法律角度讲，人格在法律上也是不得转让和剥夺的。因此，领导干部在公共沟通的过程中一定不要用“人格担保”这样不合时宜的表述。

更有甚者，还会用党性来做担保，这就更不可取了。人格是个人品格，党性则是崇高的信仰，人格受侵害了，还可以依法维权，而党性一旦受损，却无法用金钱和赔礼道歉的方式来弥补。而且从法律角度讲，党性也是不能用作担保的，拿“党性”担保，既不合法，也不符合党章的规定，滥用和乱用“党性”，影响的是一个政党的整体利益。因此，在公共沟通的过程中，既不要说“以人格担保”，更不能说“以党性担保”。

不可避免

在北京大雨的情景模拟演练中，针对“下雨淹死人”的事实，有官员会这样回答：“在这么大的自然灾害面前，发生这样的事情是不可避免的。”客观来看，官员这样讲是符合事物发展的一般规律的，换言之，是合理的。但合理的就是正确的吗？这就未必了。

作为一个官员经常用到的词汇，“不可避免”曾引起网民的质疑和批判。

在2012年全国人大云南团开放日上，针对2011年被热炒的昆明市发改委官员“不雅照”事件，云南省省长回答说：“至于革命队伍里面有个别的出了问题，那是不可避免的。就像一个家庭里，十个孩子有的听话有的不听话，所以发改委的干部出事以后，开始不清楚，清楚了我们坚决处理。”

如果非要只讲道理，该省长的表态是没有问题的，“就像一个家庭里，十个孩子有的听话有的不听话”，难道不是这样吗？但是，他“不可避免”的表态还是受到了质疑，有人评论说：我理解，这话的中心意思就是下属干部犯错误是“不可避免”的，言下之意家长是“没有责任”的。是也不是？

由此，评论进一步分析到，确实，“革命队伍”（干部队伍）可以比作家庭，且是大家庭——有的听话有的不听话。但倘若“革命队伍”（干部队伍）真的是一个大家庭的话，家长（领导者）的职责是什么呢？是不是教育“孩子”听话，要走正道，不要犯错误，不要违法犯罪？倘若孩子“出问题”了，家长是不是有责任呢？我看这个责任是推卸不了的。何况，各级领导干部的重要职责之一，就是对自己所管理的干部（下属）进行严格教育、严格管理、严格监督，及时发现每一个干部的思想、工作、生活中出现的这样那样的问题，并采取措施，防范干部犯错误。否则要你这个“家长”干什么？人是高级动物，倘若家长“只管生孩子，不负责健康成长”，那又称得上什么“高级动物”？……从领导者自身来说其责任之一就是始终加强对干部的思想政治教育，一刻也不能放松强化干部队伍的建设，因为一旦“放松警惕”，就会导致一些不听话的干部干坏事，甚至堕落腐败。①

看似合乎道理的“不可避免”，在这里被认为是对干部队伍中出问题的一种心安理得，成为领导者免责的托词或借口。应该说，这样的评论与发言者的初衷是相违背的，其中不乏强加的味道，但无论如何，根本原因还是在于发言人在说出“不可避免”（难免）这类语言的时候，没有考虑到群众的心理感受，没有认识到对于群众来说，官员“不雅照”这样的事件，是一个都不能出现的，一旦出现了，也一定不能被看作“不可避免”。

正在调查中

在突发事件新闻发布会上或者政府官员接受记者采访过程中，我们总是能看到一个场景，记者不停地追问事件原因，被采访对象的回答却只有

① 陈向阳:《什么叫“不可避免”？》，东方网 2012 年 3 月 12 日。

五个字“正在调查中”。那么，记者为什么要抓住这个问题不放，而被采访对象又为什么不能展开来回答这个问题呢?

从新闻学的视角看，当一个事情发生后，What 发生了什么、When 什么时间发生的、Where 在哪里发生的、Who 谁是当事人、Why 为什么会发生这样的事，这五个“W”是新闻报道的五个基本要素。当然，这也是公众在突发事件发生后最为关心的问题。作为一种职业行为，记者如果想完成任务，必须在采访的时候把这几个问题搞清楚，所以我们才会看到，每每一个突发事件发生，记者必定会提出这个问题，寻找事件背后的原因。

但是，当记者提出“为什么”的时候，事件往往还在调查的过程中，而且，有些事情需要较长的时间才能调查清楚。这个时候，作为领导干部，就不能冒昧地去谈问题原因，冒昧地谈，很容易将自己置于被动局面。这也是为什么专家会告诉你，突发事件发生后，要快讲事实，重讲态度，多讲措施，慎讲原因，事实、态度、措施用的词是“快”“重”“多”，都是鼓励你去说，唯独在原因问题上，提醒你一定要谨慎。

但问题是，按照“正在调查中”的逻辑，按照相关法律规定，突发事件的调查一般需要三个月时间，而像 8·12 天津港爆炸这样的重特大事件可以延长到半年，如果等到调查结束再来探讨这个话题，黄花菜肯定凉透了。因此，“慎谈原因”不等于不谈原因，无论是从满足公众知情权的角度，还是从善待媒体的角度，我们都需要学会讲原因，否则必然会引发公众的不满情绪。

那么，在调查结果出来之前，如何面对原因问题呢？一是可以通过讲态度来讲原因。“这一定是有原因的”“无论问题出在了哪里，我们都会一查到底”等，通过表态让公众对正义有所期待。二是可以通过专业性分析来讲原因。比如，在一些技术性很强的事件中，可以请第三方、请专家从专业的角度给出事件发生的几种可能性。这样，一方面记者有的写，舆论场也有的讨论，公众的知情权得到了满足；另一方面，也是议程设置的一个重要方法，即把社会议题引向事实层面和业务层面，从而避免将技术问题政治化、一般问题敏感化。

所以，就“正在调查中”这个说法而言，本身可以加以改进，可以说得更好，而如果在没有更好的信息准备的情况下这么说了，应该说也没有问题。但是这几年，“正在调查中”被舆论视为新的官话套话，又是为什么呢？主要是因为很多官员把这五个字作为回答记者提问的“绝招”，只要不好回答的问题，统统用“正在调查中”来搪塞和躲避，使得一个好端端的词汇，被划入了陈词滥调的行列。

这就超出了对原因问题的具体探讨，涉及信息公开理念和领导干部媒介素养问题了。做好信息公开，敢于担当负责，是领导干部媒介素养的题中应有之意，我们不主张有勇无谋，做出从新闻发言人变成新闻当事人的无谓牺牲；也不提倡为了避免成为新闻当事人，一刀切地“防火防盗防记者”，逃避自己应尽的满足公众知情权的责任。“正在调查中”，就是一个典型的消极作为的例子。

请大家放心

在一些文学艺术作品中，遇到托付之事，被托付之人常常会在接到托付时说：“请放心！”应该说，“请放心”这三个字体现的是一种极大的信任。但是，近年来，在一些公共沟通的过程中，当领导干部对群众说“请大家放心”的时候，公众并不能发自内心地放下心来，甚至会更加怀疑，沟通的效果适得其反。比如，在近年来PX项目、垃圾填埋场等邻避项目的公共沟通中，有些政府官员为了说服公众，安抚民心，一再强调危害发生的概率微乎其微，用“请大家放心”“请相信政府”来进行表态，结果不仅不能说服大家，反而可能会引发进一步的群体聚集反对。

为什么会这样呢？根本还在于信任问题。习近平总书记在兰考县委常委扩大会议上的讲话中，曾经意味深长地提到著名的“塔西佗陷阱”。他说：古罗马历史学家塔西佗提出了一个理论，说当公权力失去公信力时，无论发表什么言论、无论做什么事，社会都会给予负面评价。习近平总书记还指出，我们当然没有走到“失信于民”那一步，但存在的问题不可谓不严重，必须下大气力加以解决。

习近平总书记指出了当前政府所面临的信任危机，在这种情形下，政府要上某一个项目，如果项目的科普宣传很到位，官员在和公众沟通的时候说“请大家放心”，大家自然会选择相信政府；但是，当项目的科普宣传不到位，只是一味强调“请大家放心”“请相信政府”，大家怎么能放得下心，又怎么能产生信任心理呢？毕竟像核电、PX 等具有邻避效应的项目，一旦出现问题，那就不是房子栽在手里的问题，而是一家人的健康都可能因此得不到保障，遇上切尔诺贝利那样的，甚至可能因此送了命，哪一个人能轻易接受这个项目落在自己家门口呢？

一味强调“请大家放心”“请相信政府”，本质上是一种“诉诸无知”的逻辑谬误。也就是说，让对方无凭无据同意你的看法，或者推卸自己的举证责任，或称对方如果提不出相关证据就表示你的观点更可靠等，类似这种行为，都违反了“诉诸无知”的逻辑错误。

“诉诸无知”的表态，往往会起到适得其反的效果，因为当人们不了解事情真相而陷入种种猜疑之中或者内心矛盾重重时，如果官员不耐心细致地做好解释工作，而是试图通过一句简单的“请大家放心”来打消公众的顾虑，他们一定会变得更加惊慌，而且容易产生愤怒情绪，会更加关注这件事有多么可怕，尤其是当事实证明比预期的问题还要严重时，他们肯定会失去对官方的信任。

更何况，信任一定是建立在真诚的态度和实实在在的付出之上的，一味地说“请相信我们”“请相信政府”，是一种典型的凌空虚蹈，群众既感受不到真诚，更看不到真正的行动，怎么可能产生信任感呢？因此，与其说“请大家放心”“请相信政府”，不如实实在在地把科普等各项工作做在前面，人们看在眼里，再听到“请放心”的时候，自然就把心放下来了，放在了肚子里。

不惜一切代价

在一次屯兰矿难的网络访谈演练中，扮演太原市市长的学员说了这么一段话：

> 在这次矿难中，有74名矿工遇难，我感到内心非常沉痛，每一个生命都是无价的，在这里，我代表市委、市政府向遇难者表示哀悼，向遇难者家属表示慰问，接下来我们一定要做好遇难人员的赔偿工作，对于受伤的人员，要采取一切措施，不惜一切代价，争取早日康复。

这段话听起来豪情满志，特别鼓舞人心，显示出了市委、市政府对矿难的重视，也表达了要做好救援工作的决心。但是，真的是“不惜一切代价”吗？正如一篇评论所说：“毋庸讳言，革命战争年代，‘不惜一切代价’完成任务，讲求的是从战略全局出发，以局部的损失和牺牲来换取整个战争态势的胜利，体现的是一种不惧牺牲的勇气和敢打必胜的信念。灾难来临之时，‘不惜一切代价’全力救援，讲求的是从人民群众利益出发，以超常的决心和举措来捍卫安全提供保障，彰显的是党和国家对人民群众生命财产安全的尊重和珍视。这些都体现了在特定历史时期和特殊环境条件下的精神境界和责任担当。但辩证唯物主义原理告诉我们，任何事物都要遵循客观规律，一切从实际出发，而不是靠大轰大嗡，甚至蛮干来达成目标。慎言‘不惜一切代价’就是要量力而为，付之有度。如果付出的代价在承受能力之外，即使愿望再好、口号再响、决心再大，结果也只能是徒劳无益、忙而无功。”①

所以，我在点评的时候说：刚才，市长的这段表态总体上是不错的，情感的表达也很到位，但是有两个细节需要强调一下：一是他在表情达意之后，一上来就讲到“我们一定要做好遇难人员的赔偿工作”，这很容易让人联想到政府急着“花钱买平安”，这也告诉我们，要注意表态的顺序，事情刚发生的时候，当务之急是救人，而不是赔偿。二是对于受伤的人员，他表态要“不惜一切代价”，这个说法是经不起推敲的，一方面，“不惜一切代价”带有很强的蛮干色彩，不符合科学规律；另一方面，这个代价如果是由你自己来承担，只要你愿意，你可以做出这样的表态，但事实上，这个代价是“公共服务”的代价，既然是“公共”的，就是个人负担不起的，因此，在表态或者做决策的时候应该更慎重一些，要尊重公平与效率的均衡性等公共管理的基本原则，不能张嘴就来“不惜一切代价”。

当然，还有人认为，灾难发生后才“不惜一切代价”地亡羊补牢，其实正反映出日常工作中的长期失职甚至渎职。如果能把“不惜一切代价”的观念，预置在“防患于未然”的具体工作中，多检查监督，多敦

① 黄德华:《慎言“不惜一切代价”》,《解放军报》2014 年 7 月 16 日。

促整改，该花钱则花钱，该投入就投入，很多灾难就能有效避免。事故发生后，你再“不惜一切代价”，无辜生命业已消逝，大量财产业已化为乌有！更何况，为巨大灾难所付出的“一切代价”，其本质上还是民众自己在“埋单”呢！①

① 马赛克:《也说“不惜一切代价”》，东北新闻网 2014 年 10 月 29 日。

逻辑谬误

> 拿破仑：朱塞佩，我们该怎样处理这个士兵？他说的一切都是错误的。
>
> 朱塞佩：阁下，让他当将军，他说的一切就都是正确的了。

这些年来，背离逻辑的交流方式在社交媒体上随处可见。很多公共话题的讨论，因参与者缺乏基本的逻辑常识，导致由于论证的前提和结论没有逻辑关系而产生的推论失效的不相干谬误（fallacies of relevance）随处可见，从而使这些讨论常沦为无意义的“口水战”。背离逻辑的问题，如全知论据、稻草人谬误、诉诸情感、诉诸传统、诉诸暴力等，在各级政府官员接受记者采访时也同样存在。

全知论据

全知论据（argument from omniscience）指说话的人用“所有”“每个人”“每种东西”“绝对”等词语，来强调无所不知、无所不为、无所不通、无所畏惧。如所有人都相信某些东西，每个人都知道，等等。

全知论据是政府官员在接受记者采访时经常出现的一个逻辑错误。比如在北京大雨的电话采访演练中，记者问道：有人说一个地方的交警，面对公众的呼救，毫不搭理，110 出警严重超时，请问对这些情况会怎么处理？有学员回答说：我们正在调查，群众的眼睛是雪亮的，在灾难面前，每个人都会尽职尽责，一旦发生这样的事情，我们会按照相关规定去处理。

“每个人都会尽职尽责”，这是一个道德判断，还是事实描述呢？如果是事实描述，他需要一个人一个人去了解，是不是每个人都做到了尽职尽责。但这显然是不可能的，所以该事实站不住脚。如果是道德判断，那该表述就应该是“每个人都应该尽职尽责”。

再比如，2017 年 8 月 25 日，我们以墨西哥湾原油泄漏事件为背景，给中海油的处级干部组织了一次大演练。在新闻发布会的演练中，记者提出这样一个问题，贵公司多次宣传井控阀门器的本质安全，但据我所知，事故发生之后，你们把能用的三种方式都试过了，还是无法关掉阀门，这是不是说明你们前期的宣传是失实的？由于记者是学员扮演的，他们最了解自己所在机构最薄弱的地方是什么，因此，面对那些年曾经夸下的海口“本质安全”，发言人很难回答好这个问题。

柴静在《看见》一书第十三章《真相就是如此》中，谈到了自己采访野生华南虎照事件的经过，其中镇坪县林业局局长所说的“不容置疑”，就是一种全知论据。

采访镇坪的林业局局长时，问他对媒体的疑问怎么看。他说:“我们不想他们怎么想的，野生华南虎在镇坪的存在不容置疑。”

我说:“覃局长，我们都非常愿意相信华南虎在镇坪存在。只是我们知道在国际上认定物种的存在，需要有几个前提条件，首先是要发现活体，其次是发现尸体，要有影像资料，然后是有研究者的目击。”

他愣了一下说:“关于你说的这几点我确实还不知道。”

换作以前我可能会问:“您是林业局局长，连这个也不知道吗？”把他堵在墙角，微笑看着他。现在觉得，一个五万人的山区县城，一个刚刚从党校校长调来当上林业局局长的人，不了解此类专业的知识也是有可能的，最重要的不是“你怎么能不知道”，而是“那么现在你知道了，怎么面对”。

覃局长仍然说:“华南虎的存在不容置疑。”

如果以前，我可能会再逼一下，“但是公众有质疑的权利”，但现在我的目的不在通过一段采访，将某人推向极端或者让他难堪。我问他:“在这样重大的科学结论上，是否应该更严肃更科学更有所保留比较好，而不是不容置疑？”

这好像是我第一次在采访中有与对方讨论的心态，因为我渐渐知道，有时偏见的造成是利益和庇护，也有无知和蒙昧。媒体重要的是呈现出判断事物应有的思维方法，而不是让一个人成为公敌。

但不管怎么问，覃局长的回答仍然是:“当然要科学，但我认为不容置疑。”

“不容置疑”这个词，他重复了三遍。

我想了想，换了一个问法：“那您的依据是什么？”

他说：“拍这个照片之前，专家组作过报告，说我们这儿是有华南虎的，所以总有人会拍到，不是周正龙就是李正龙、王正龙。”

全知论据的逻辑错误在于这是一个全称肯定判断，判断该命题是假的，只需要举一个反例，而判断该命题是真的，则需要经过证明，而这个证明，是一件不可能完成的任务。即使你可以一个一个去和每个人谈，弄清楚他们的想法，但也不可能所有的人的意见都是统一的，而只要有一个人不相信，你所说的结果就不成立了。因此，在接受记者采访时，一定要防止出现全知论据的逻辑谬误。

诉诸信心

诉诸信心（appeal to faith）是指说话的人把信心作为自己论据的根基，在媒介采访实训的过程中，“请相信我们！”这样不假思索的、诉诸信心的表述总是脱口而出。而在柴静采访华南虎事件的过程中，诉诸信心的情况也屡次出现——

林业局负责实地调查的人叫李骞，是个小伙子。向他索要材料，才发现他没有任何资料证明有过这次核查。问到后来，他说：“我相信周正龙，因为他是个农民。”

我问他的上司覃局长：“李骞当时有没有给你出示他认为拍照

对象真实存在的证据？”

“那就是口头上，就是这样。”

“仅靠他一个人的说法吗？”

他反问：“难道不可以相信他吗？我对我的干部，我在用他的时候，我对他们是很省心的。”

再问局长的上司，县长说：“我相信我的干部的说法，因为他是我培养起来的。”

林业厅负责人说：“我相信镇坪的说法，因为他们是一级政府。”

将“相信”作为依据是不具备说服力的，因为这个“相信”是你个人的一个主观判断，而不是放之四海而皆准的公理，并不能因为你相信了，我就必须相信。在当今观点多元的舆论环境中，事实胜于雄辩，证据优于事实，如果你真的希望别人相信你，你需要提供的是客观事实和证据，而不是一个主观结论。从上述被采访对象为“相信”所提供的论据来看，要么是因为“他是个农民”，要么是因为“他是我培养起来的”，要么就是因为“他们是一级政府”，这些论据都不是理所当然地具有信服力的，因为是农民就必须相信他吗？你培养起来的人就一定值得信任吗？更不能拿“一级政府”来背书，甚至有可能适得其反，与其这样，不如踏踏实实提供华南虎存在的科学依据，这个才是真正具备说服力的证据。

对此，《中国环境报》曾经发过一篇评论《“我相信”岂能轻易说出口？》，对这种动辄“我相信”进行了批判。作者写到，有时我们可以看到这样的情景：在审批、验收或检查中，对于企业存在的环境问题，在企业方表态整治后，相关部门领导会本着鼓励的态度说：“我相信”……一句“我相信”的简短决策，最终酿成了企业打着试运行的幌子长期违法排污的恶果。……事实告诉我们，作为环境执法者，面对当地政府保护发展的施压也好，面对各种人情、面子也好，面对企业的表态、许愿、决心、诱惑也好，“我相信”这三个字，一定不能无原则地说出口。因为，执法者的相信，就是对企业要求的一种肯定。一旦出了事，只要有“我相信”这三个字放在那，企业可以翻脸不认人。到那时，谁相信谁负责，谁表态谁负责。我们一旦轻易相信，后果就很可能把执法变成了违法、把原则变成了失责、把承诺变成了空话、把污染变成了现实。因此，作为环境执法者，一定要牢记，执法如山是责任，不论面对什么样的情况、什么样的关系、什么样的压力，信与不信让事实说话、信与不信让法规条文说话。不经实际认证、不经专家论证，千万别轻易表态“我相信”。

诉诸权威

诉诸权威（argument from authority）指说话的人把“专家”或权威的话作为论据的根基，用“应该什么样”来论证“事实什么样”，用道德伦理来代替事实求证，而不是用逻辑或证据来支持自己的结论。有一则幽默形象地说明了什么是诉诸权威：

拿破仑：朱塞佩，我们该怎样处理这个士兵？他说的一切都是错误的。

朱塞佩：阁下，让他当将军，他说的一切就都是正确的了。

事实上，当权威的主张不在其合法领域内时，该主张并不具有可靠性。即便权威的主张在其合法领域内，该主张正确与否，仍须取决于该主张是否证据充分，而不能取决于它是否由该主张的所在领域的权威提出来的。

比如：

因为进化论是达尔文提出来的，所以进化论是正确的。

进化论是否正确，并非取决于它是由达尔文提出来的，而是取决于它有许多客观的证据支持，例如化石等。诉诸权威的案例不胜枚举，在媒介采访实训中，这种逻辑谬误通常在两种情况下出现，一是在解释政府决策时；二是在推广科学项目时。

在北京地铁恐怖袭击的演练中，我们设计了事件处置过程中可能面临的一些决策困境。其中有一个决策困境是，恐怖分子在地铁站台的垃圾箱里放置的沙林毒气开始扩散之后，造成了站台上大面积人员伤亡，这个时候，决策者面临一个选择：要不要关闭地铁通风口？关闭，意味着地铁站台上的所有人都面临生命危险，而打开，由于事件发生在早高峰期间，既会影响到地铁站地面上聚集的大量人群的生命安全，还会引起全市范围内更大面积的人群恐慌。

这个时候，决策者面临着道德困境，换句话说，我们通常理解的权衡总是在是与非之间、善于恶之间进行，正确结果只有一个而且绝对没有任何问题。但这个时候，双方都是是，双方都是善，双方都有价值，决策者必须在是与是之间、善与善之间、两个有价值的取向之间进行一种非此即彼的选择，这就产生了道德困境，选择了一方，另一方就成为牺牲者。

这个演练是上午演练，下午讲评。上午演练的收尾以我扮演的电视台主持人对北京市市长的专访结束。在专访的时候，我会问一个问题：我们发现，你们在处置的过程中做出了一个打开（或关闭）地铁通风口的决策，因此，造成了地上（地下）很多人失去了生命，为什么不选择关闭（或打开）？

这个时候，有的学员就会回答说，这是专家的意见……将决策责任推给专家。这显然是不对的，面临决策困境时，确实需要听取专家的意见，但最终的拍板决策，一定不是专家做出的。作为一个决策者，要对自己作出的决策负责任，在这种情况下，你可以解释决策过程的艰难，比如，当时专家给出了两种甚至更多的建议，而这些建议都很难权衡取舍，选择A会怎么样？选择B又会怎么样？最终，我们根据什么，作出了这个决策，这个决策过程实在是太艰难了，作出这个决策确实会影响到一些人，在这里我要向大家表示诚挚的歉意，请大家理解。

而在PX（或核电）项目新闻发布会的演练中，经常会在两个问题上出现诉诸权威的逻辑谬论，一是在说明论证的科学性时，有学员会说“我们邀请了国内外顶级的专家对该项目进行了论证，论证结果是可行的”，有一个学员甚至说：“国际顶级专家参加了论证，他们都签了字。”二是在阐释PX产品的安全性时，有学员强调“专家认为，PX产品的危害性不大”，等等。

“专家签字”的说辞，既有推卸责任的意味，也是诉诸权威的谬误，也就是说，专家认为项目可行，产品危害性不大，不足以代表他的这一结论就是正确的，因为即使在科学界，专家的认识也未必就是统一的，观点大相径庭的情况屡见不鲜。因此，在说明专家认可的基础上，还要展示专家给出的足够通俗化的论据，能够让公众从中得出一个正确的判断。

所以还是那句老话，在当今的舆论场上，事实胜于雄辩，证据优于事实，与其诉诸权威，不如给出更有说服力的证据。

乐队花车

乐队花车（bandwagon）是一种逻辑谬误、一种社会心理的状态，也是一种宣传的技巧，常被称为“从众”，代表人类害怕在社会中被孤立，因而向社会其他多数靠拢的一种过程。乐队花车直接翻译自英文的 bandwagon，也就是在花车大游行中搭载乐队的花车，参加者只要跳上了这台乐队花车，就能够轻松地享受游行中的音乐，又不用走路，也因此，英文中的“jumping on the bandwagon”（跳上乐队花车）就代表着“进入主流”。

从乐队花车效应衍生出的乐队花车谬误，常被称为“诉诸大众的谬误”或“从众谬误”，也就是将许多人或所有人所相信的事情视为真实，例如“大家都这么说，一定不会错！”认为很多人都在做同一件事情，这件事情就是对的。

2014 年，河南省栾川县庙子镇“高崖头村庄迁并安置项目”在未取得合法手续的情况下，擅自开工建设并致 1 人死亡。7 月 2 日，栾川县城建局副局长在接受记者采访时表示，“因这一项目属县重点工程，涉及村民安置和社会安定，县政府领导研究决定，对该项目实行一边建设，一边补办相关手续的政策”。对于这一政策是否有违相关法律法规，这位城建局副局长说，“县领导都发话了，我们也没有办法，类似小产权房这样的项目，在全省乃至全国都很普遍，又不止我们栾川这一处”。

“全国不止这一处”，就是一种“乐队花车”的诉诸大众的谬误，是地方官员给自己的违法行政寻找的借口，体现了官员不负责任的心理和推卸责任的做法。事实证明，多数或所有人都在做或相信的事情，并不一定是对的事情，一个事物或观点的流行程度和它本身是否合理没有关系。例如地球是球形的，但在很长的时间里人们都一致认为地球是方的。因此，新闻发言人在回应记者采访的时候，应该关注的是事物本身的对错，而不是

“全国不止这一处”，因为，如果事物本身是不合理的，即使全国都在做，也改变不了其错误的本质。

光明乳业董事长、“铁娘子”王佳芬在光明奶一系列风波的应对中试图跳上乐队花车减轻自己的舆论压力的做法，不仅招致与同行交恶，而且总是被作为危机公关的反面案例屡屡提及。

2005 年 6 月 5 日，河南电视台经济生活频道曝出惊天黑幕：郑州光明山盟乳业过期牛奶回炉再包装后重新进入市场销售。面对记者架着摄像机记录了全过程这样的事实，王佳芬接受《每日经济新闻》采访时称：“这个事情不存在，光明不可能做这个事情。”光明的断然否认使舆情进一步发酵，结果屋漏偏逢连夜雨，一波未平，一波又起。6 月 9 日，杭州质量技术监督局对光明乳业杭州生产基地进行突击检查时发现，许多包装上的生产日期居然是 6 月 12 日。对此，王佳芬辩称，提前打印生产日期是业界潜规则，不仅光明在做，别的企业也是如此，一面又继续保证：上海光明不会有任何问题。结果，6 月 13 日，上海闵行区质量技术监督局在对辖区内的光明二厂抽查时再次发现大量早产奶，生产日期有 6 月 15 日、6 月 16 日。

于是，网上开始就此事进行了讨论与调侃，使光明乳业的信誉度急剧下降。

可见，与其说是“业界潜规则”，把大家都扯进来，不如实实在在地承认管理中存在问题，并有则改之。实事求是的态度或许还可以赢得社会的认可，跳上乐队花车，只能在危机公关史上成为反面教材。

稻草人谬误

稻草人谬误（straw man）是指在一个辩论或讨论中，一个人有意或无意地将对方的论点加以曲解、夸大或断章取义，然后把这误导的论点当作对方的原意，加以批评或攻击。这就好像A原来要攻击B，却在B旁边立了一个稻草人来代替B，于是他将此稻草人击倒，就认为自己击倒了B。

比如：

A同学： 我认为皮影戏应该推陈出新，才能焕发出新的活力。

B同学： 你才读过几年书，就敢否认中国的传统文化？

在这里，B同学犯的就是稻草人谬误，A同学说的是推陈出新，根本看不出有否认中国传统文化的意思，但B同学就直接跳过观点，指责A同学否认中国传统文化。

再比如：

小王： 国家应该投入更多的预算来发展教育。

小李： 想不到你这么不爱国，居然想减少国防开支，让外国列强有机可乘。

小李犯的也是稻草人谬误，小王说的是投入教育预算，并没有说这样做就会减少国防开支，二者之间没有必然联系，但小李却竖起了一个减少国防开支的稻草人，并指责小王不爱国，令他产生羞愧情绪，从而接受他的立场或观点。

华南虎事件中，陕西省林业厅新闻发言人关克在回答柴静提出的问题“你怎么看公众的疑问”时说“连国外的专家都没说是假的，这些人就是不爱国”，就犯了“稻草人谬误”，诉诸集体忠诚，将一个一般问题上纲上线为政治问题。

上纲上线，是典型的“稻草人谬误”，在这种思维主导下，常常是小题大做、吹毛求疵、随意曲解、武断结论，无限制地从个别跳跃到一般，无根据地到处虚设假想敌，将局部问题夸大为全局问题，科学问题夸大为政治问题，认识问题夸大为立场问题，发展战略问题夸大为路线问题。

上纲上线，也是当前政府官员在回答记者提问时容易出现的问题之一。

吴县长是最后一天才接受采访的。他之前不答应，那天忽然接受了，情绪很好：“小柴你应该看看昨天某某电视台采访我，向他们学习一下，做得很好。”

下属们在饭桌上站一圆圈，共同向县长敬酒：“昨天节目里您说得真好。”

吃完饭，在镜头对面含笑坐下后，他把昨天节目里的话又说了一遍：“最终这个照片的真伪需要国家权威部门进行鉴定，但是作为我们，我们肯定是确信无疑，镇坪发现了野生华南虎，不仅仅是镇坪的荣耀，同时也是中国的荣耀。”

我问：“为什么这么说呢？”

“我觉得这个就是我所说的，盛世出国虎，虎啸振国威。”这句话他在昨天节目里也说过，带着得意之色，又说一遍。

“您不觉得……”

他还没说完：“因为华虎南是中国虎，是国虎。”

我问：“您不觉得它首先是一个科学问题，而不是一个政治问题？”

在这段采访中，吴县长不是基于科学立场去探讨华南虎是否存在这个最基本的事实问题，而是在事实不清的情况下就不断强化其政治色彩，这是典型的“稻草人谬误”，被柴静一句话就戳破了。

如何对付稻草人逻辑谬误呢？

T. 爱德华·戴默在《好好讲道理：反击谬误的逻辑学训练》一书中给出了三个法宝。

其一，用标准模式重构原论证，让其论证的缺陷“现行”，从而自我毁灭。

有一次，日本一家公司给我国一家公司寄来一箱技术文章资料。清单上写明资料有 6 份，但是开箱清点后发现只有 5 份。于是我方人员就向日方交涉。日方说：“我方提供给贵方的资料，装箱都要经过几次检查，不可能漏装。”我方说：“我们开箱时有多人在场，开箱后又经过几次清点，是在确实判断资料缺少后才向你们交涉的。”双方各执一词，谁也没有说服谁，交涉毫无结果。我方认真分析这次交涉，认为我方在交涉中虽然提出了一些理由，但是理由很不充分，于是，重新理顺思路，再去交涉。

这次我方充分发挥逻辑思维的作用，首先列举资料缺少的三种可能：“或是日方漏装，或是运输途中散失，或是我方开箱后丢失。”日方同意这种说法。接着我方又提出：

“（1）如果资料是运输途中散失的，那么木箱肯定有破损，现在木箱完好无损，所以，资料不可能是在运输途中散失的。（2）如果资料是我方开箱后丢失的，那木箱上的净重应该大于现有 5 份资料的净重，现木箱上所印的净重正好和现有 5 份资料的重量相等，所以，资料不可能是我方开箱后丢失的。（3）既然一共只有三种可能，而其中两种可能已被否定，那就只有一种可能，即：资料是日方漏装。从而可以得出结论：资料缺少是由于日方漏装。”

针对双方都以“多人在场，多次清点”为理由各执一词互不相让的局面，我方重新对事件进行了合乎逻辑的推理，理由非常充分，日方无法辩驳，只得回去查询漏装一事。结果可想而知，确系日方漏装，问题得到圆满解决。

其二，“以彼之道还施彼身”，即按原有论证存在的问题，构造一个相似的新论证，重现其论证如何得出谬论的整个过程。

有一次，英国一家电视台的记者采访梁晓声，并要求梁晓声毫不迟疑地回答他的问题。梁晓声点头认可。谁知，记者的问题是：“没有‘文化大革命’，可能也不会产生你们这一代青年作家，那么‘文化大革命’在你看来究竟是好还是坏？”梁晓声意识到自己上当了，他立即反问：“没有第二次世界大战，就没有以反映第二次世界大战而著名的作家，那么你认为第二次世界大战是好还是坏？”

在这里，梁晓声用“以彼之道还施彼身”的方法化解了问题困境。

其三，针对原论证的主要论据，找到或提出相反的例子，或提出相反的论据，以证明原有论据的虚假。

比如，一位年轻人想到大发明家爱迪生的实验室里去工作。一天，他去求见爱迪生。爱迪生接见了他，并问他对科学发明有什么见解。这位年轻人满怀信心地说：“我想发明一种万能溶液，它可以溶解一切物品。”爱迪生听罢，惊奇地问：“那么你想用什么器皿放置这种溶液呢？它不是可以溶解一切物品吗？”年轻人哑口无言。

这位年轻人的说法中包含着不可克服的逻辑错误。盛放“万能溶液”的器皿，至少是这种溶液所不能溶解的，这样的话，“万能溶液”就不能溶解一切物品，并非“万能”，爱迪生只需要指出这一点，年轻人自然就哑口无言了。

以点代面

一千万人死亡只是个统计数字，一个人怎样死却可以写成悲剧。

以点代面，是一种提问的切入点比较小的提问方式，即从小处入手，从细节入手提出问题。以点代面，之所以会成为陷阱，在于这是一种以偏概全的提问方式，一种“只顾一点，不及其余”的提问手法，即记者从某一个有明显疑问的点切入问题，如果官员在回答的时候只围绕这一点来回应，往往会造成一叶障目，不见森林的传播效果。

比如，在我们为大亚湾核电站编写的新闻发言人手册中，以一个核事故叠加强地震为案例背景，设定了一个问题：

如果发生放射性（核）事故加强地震，碘片都找不到了，如何给大家提供碘片？

这是一个关于“碘片”的十分具体的问题，但该问题关乎“碘片”，又不止于“碘片”，指向的是核电安全问题，也就是说，即便很好地回答了关于“碘片”的问题，也并不能真正打消人们对于核电安全的顾虑。因此，在回答此类问题时，新闻发言人要能够从“碘片”的“点”联想到“安全”的“面”，从核电安全的总体表态开始回答问题。

答：我理解，你想问的是关于核电安全的问题，关于这个问题，首先，我想强调的是，大亚湾核电厂址位于一个稳定的板块上，发生强地震的概率很小，即便如此，大亚湾核电站设计上也是考虑了8级地震的。

其次，碘片只是应急措施的一种，应急情况下，我们不会仅仅发碘片，而是会按照应急预案向相关人员提供多种完备的保护措施。

至于你提到的碘片，需要说明的是，电站的碘片配备充足，分布点多，比如厂区内、职业医疗中心、场外相关医疗机构都有储存，你放心，即使在应急状况下，也不会出现你所说的“碘片找不到”的情况的。

谢谢。

再如，在屯兰矿难发生之后，记者会这样提出问题：

你们之前说出事的都是私人黑煤窑，我们信了；再后来说出事的都是小煤窑，我们也信了；现在，最好的国有大矿，最不可能出事的都出事了，请问这是为什么？

屯兰矿难，是一次让公众非常震惊的矿难，因为屯兰矿装有先进的

KJ-90 瓦斯探测与自动断电保护系统，被称为“没有一块煤是带血的”，自2004 年以来，屯兰矿一直保持百万吨产出，死亡率为零，在西山煤电集团2008 年安全检查中排名第一，“如果说西山煤电是山西循环经济的重要窗口，那么屯兰矿就是这扇窗户上最亮的那块玻璃”，2007 年，《山西日报》的一篇报道这样说。

而事故在最不可能的地方发生了。2009 年 2 月 22 日凌晨，山西焦煤集团西山煤电屯兰矿发生爆炸事故，78 名矿工在此次事故中不幸遇难。那么，在这样的一次矿难中，面对记者关于最好的国有大矿也出事的提问，应该怎样回答呢？

从问题本身来看，从历史的纵深视角切入，由黑煤窑谈到小煤窑，再由小煤窑谈到国有大矿，在揭示事物发展变迁的历史进程中不断强化国有大矿不会出事的“应然”结论，最后，抛出问题，此时，矿难的“实然”与不出事的“应然”之间所形成的迥然不同陡然展现，形成了一种戏剧性的反差效果。

这样的提问方式确实充满了挑战，很难解释为什么“最亮的那块玻璃”突然之间就被“带上了血”。不过，仔细分析题干就会发现，记者的提问其实是以点代面，以偏概全的，也就是说，私人黑煤窑出事以及后来的小煤窑出事，是历史的必然和规律的总结，但最好的国有大矿出事则不一定如此，实际情况也是国有大矿出事的概率要远远小于黑煤窑和小煤窑。因此，在回答的时候一定要防止出现以点代面、以偏概全的情形出现，要回到事物发展的本质上来，讲清楚黑煤窑出事和小煤窑出事的概率远远大于国有大矿这一基本规律，然后再深刻地剖析和反思屯兰矿难本身的问题。

“点”就是细节，细节是最具感染力的，能够给人留下印象的深刻，因此，记者总是喜欢抓住事件发展过程中最有代表性的细节，以此为“话头”，依次展开，逐步深入，激发被采访者的共鸣，使他们产生倾诉的欲望，从而获取具有新闻价值的事实。比如，“跟女儿告别的时候听说你哭了？”

事实上，新闻调查类报道的写作模板“华尔街日报体”，最突出的特点就是“以点代面”。“华尔街日报体”深谙“一千万人死亡只是个统计数字，一个人怎样死却可以写成悲剧”的传播特点，从小处落笔、向大处扩展，注重用具体描写代替宏大叙事，用细节真实刻画整体实质，强调新闻要有细节，形象化，立体化，在尊重事实的前提下，通过再现人物、现场和事件的精彩片段，渲染气氛，使人如临其境，如见其人，如闻其声，读者在被激发的充分共鸣中，完成了从具体到抽象的认识过程。①

除此而外，细节总是太多，难免挂一漏万，但就是在这些细节问题上，一不小心就为记者提供了新闻突破口。比如，在一次火灾的新闻发布会上，记者问:“是第几层先冒的烟？”再如，在漏油事件中，记者问道:“什么时候开始出现漏油迹象？”一旦官员在回答这些细节问题时卡了壳，就会给人留下不了解情况或者存在什么问题的印象。

面对这种情况，一是在召开新闻发布会或者接受记者采访之前，一定要充分进行案头准备，把记者可能问到的问题尽可能梳理出来，并做好回应准备。二是万一在接受采访过程中遇到了确实不知道该细节信息或者头脑突然短路的情况，也不必慌慌张张、躲躲闪闪，实事求是地对记者说:“你说的这个细节情况我还不是十分了解，请你留下联系方式，我再去了解一下，给你具体答复。”如果你手头另有别的信息，也可以在这之后说:“据我了解，现场的情况是这样的……”，然后把新的信息提供给记者。特别需要注意的是，如果你与记者之间有了约定，一定要信守诺言，尽快了解，及时回复。

---

① 黄丽、刘斌:《“华尔街日报体”的传播特点和接受效果》，中国新闻研究中心2007年8月21日。

正面提问

记者的正面提问就像是战争中的正面战场，是主战场，在这个战场上取得胜利，才能真正体现一个新闻发言人的真正实力。

正面提问，就是向采访对象直截了当地说明自己的采访目的，开门见山地提出问题。正面提问法开诚布公、干脆利落，是记者运用频率最高的提问方法。

比如，在“7·23”甬温线特别重大铁路交通事故的第一次新闻发布会上，记者的提问大多都是开门见山，直奔主题：

“事故还在调查中，为什么要对有关领导进行处理？”

“高铁车票都是实名制，为什么截止到今晚遇难者信息都没有公布？”

“记者看到车体首先进行了掩埋，为什么不对车体移除而是要掩埋？”

“救援行动已经初步结束，现场指挥部多次证实现场已经没有生命体征，为什么最后还会发现那个幸存的小女孩？”

普利策曾说：“倘若一个国家是一条航行在大海上的船，新闻记者就是船头的瞭望者。他要在一望无际的海面上观察一切，审视海上的不测风云和浅滩暗礁，及时发出警报。”而所谓发出警报，就是发现问题，而问题本身，是正常中的反常，是舆论的热点、人们的看点，所以，当记者带着问题和质疑出现时，很容易就被人们记住了。但事实上，在很多情况下，记者是以平和的态度和口气提出问题的，即便如此，因为问题本身的压力，通常都会让人感觉到十分犀利。

在 2003 年的北京 SARS 风暴中，王岐山临危受命，任北京市代市长，在 4 月 30 日的记者招待会上，《纽约时报》记者直截了当地提出了一个问题：

因为疫情，有两位高官被撤职，在此之后会不会还有进一步的行动来调查到底有谁参与了掩盖事实真情的行动，以及向国际社会作出进一步的解释，并向国际社会进行道歉呢？

记者提问的语气并不咄咄逼人，但由于问题本身非常尖锐，人们都为王岐山捏着一把汗，怎么来回答呢？对此，王岐山毫不回避，坦坦荡荡地给出了回应：

不愧为《纽约时报》，问题就是尖锐。可是时间和对象选得不太对。政治上的责任和原因的问题，这不是我担心的。但是你应该相信我们的中央和国务院，对这方面是不含糊的。在不久的将来，在抗非典斗争取得胜利的时候，在总结的时候，我们一定会谈及这个问题。到那时候纽约时报的先生可以再来问这个问题。

记者的正面提问就像是战争中的正面战场，是主战场，在这个战场上取得胜利，才能真正体现一个新闻发言人的真正实力。所以我们看到，王岐山并没有被记者的尖锐问题吓倒，而是真诚地表扬了记者的敏锐，同时，也不回避记者的问题，坚定有力地表明了中央和国务院对责任和原因问题的基本态度，这就在这个答问回合中占据了主动性。

一年后，南方传媒集团原驻京办事处主任、原驻京首席记者方进玉在面访王岐山时提出："去年（2003）抗击非典的记者会，面对全北京、全中国的大恐慌，面对国内外记者那么多刁钻问题，你的应对太精彩了……只有一个地方，你公开赞扬美国的《纽约时报》'不愧为《纽约时报》'，还赞扬美国记者'提的问题就是尖锐'，容易让人产生联想，以为你在暗讽国内记者提的问题不尖锐。电视直播一出来，我就担心，你会不会因为这样的回答，受到中央领导的批评呢？"王岐山说："没有啊。去年举行的新闻发布会后，中央领导都表扬了啊，说我是放得开、收得住。"

由此也可以看出，记者前来采访，目的是获取信息，通过正面提问所问的内容，大多都是公众应知未知的基本事实信息，以及政府应该持有的基本态度，并不难回应，因此，作为新闻发言人，一定要牢记自己最重要的职责是"发言"，而不是"防火防盗防记者"，要充分利用好新闻发布会和记者采访等各种渠道，学会给记者"喂料"，把该发布的政府信息发布出去，把公众普遍关心的问题回应好，做到言之有物，真正让公众的知情权得到满足。

负面设问

如果说正面提问通常是在询问事件基本信息和态度的话，负面设问，就有点挑毛病找碴的意思了。

负面设问，指的是记者带着先入为主的负面态度，故意使用一些贬义的词汇，从负面角度来提出问题的方法。

负面设问和正面提问不一样，如果说正面提问通常是在询问事件基本信息和态度的话，负面设问，就有点挑毛病找碴的意思了。说到记者找碴，这一点，应该是美国前总统尼克松最痛彻的领悟。

媒体简直就是尼克松的天敌，早在 1960 年，这位已在艾森豪威尔内阁中当了 8 年副总统的共和党候选人，就因为美国总统大选中的辩论环节被搬到位于芝加哥的电视直播间，而输掉了这场几乎所有人都认为是一边倒的竞赛。之后的 1968 年和 1972 年，尼克松又参加了两次总统选举，并都获得了成功，但竞选期间，他坚决拒绝再参加什么电视辩论。1972 年的“水门事件”，使尼克松成为美国总统历史上唯一一位在职期间辞职的总统。在白宫的最后日子里，尼克松的情绪低落到了极点，以至于有一天他把所有的新闻媒体和警卫人员一起锁进了新闻发布室。他认为这是唯一也是最后一个能够让他甩开媒体自由自在地在白宫里走一圈的办法了。①

好在尼克松总统最后还是看清了事实真相，他感慨地说出了一句至理名言："与媒体开战，是一场永远也打不赢的战争。"

那么，记者是怎么来从负面进行设问的呢？比如，某个突发事件发生后，记者会这样问："在这次事故的处置中，是不是有一些不成功的地方？"这个时候，如果你回答说："在这个过程中确实存在着一些问题。"那么，一听到"问题"，记者马上就来了精神，必然要进一步追问：遇到了什么问题？严重吗？有怎样的影响？可否举例说明？这时，如果新闻发言人把处置过程中存在的问题实实在在地梳理一遍，那么，在记者的报道中，核心观点一定是这次事件处置存在很多问题。

那么，怎么来回应记者的负面设问呢？通常来说，任何事物都有正反两面性，当你只强调问题的时候，成绩的一面往往就被忽略了。因此，面对记者的负面设问，新闻发言人一定要牢记：负面设问一定要正面作答。

如何正面作答呢？负面设问正面作答要做到两"不"。

首先，不说否定词，把否定词换成正面表述。在记者的问题"在这次事故的处置中，是不是有一些不成功的地方？"中，否定词是"不成功"，回应的时候，就要把这个否定词换成正面表述，换句话说，重复以负面方式提出的问题，你的回答就不可能是正面的，但以正面的观点回答提问，你的回答就不可能是负面的。所以，你可以直接否定"不成功"的观点，说："我不认为这次的事件处置是不成功的……"然后把话题切入事件的具体处置中做正面表述，可以把回答的重点放到展示政府的行动力上，阐释政府作了哪些具体的工作，采取了哪些切实有效的措施，如："事件发生

---

① 〔美〕海伦·托马斯著：《民主的看门狗》，夏蓓、蒂娜·舒译，南方日报出版社2009年版，第64页。

后，我们采取了哪些措施……取得了哪些效果……”

其次，不说否定式，把否定式换成正面语句。还是回到记者的问题：“在这次事故的处置中，是不是有一些不成功的地方？”这是个否定式，结论就是事故处置不成功。假如新闻发言人面对的确实是一件造成较大损害的突发事件，你非得说不是不成功，言下之意就是说是成功的，这必然会引发舆论的反感，但如果你顺着记者说不成功，又会把政府带入到舆论旋涡中，那怎么办呢？这个时候，新闻发言人可以强调事物的另一面，通过表达“正在努力”“千方百计”“想方设法”等态度来展示负责任的形象，比如：我们正在努力消除哪怕是“百万分之一的可能危害”，这样的回应，通常会给人留下负责任的印象。

侧面提问

正面提问不能奏效的情况下，记者常常会采取从侧面入手，稍作迂回，再回到正题上来的提问方法。

侧面提问，就是从侧面入手，迂回曲折，旁敲侧击地提出问题的方法。记者一般会在以下的几种情况下，用侧问法来提问。

一是在面对自己不熟悉的采访对象时，从一般性的话题如采访对象的工作、兴趣、生活等聊开，逐渐将谈话引上正题。比如，意大利著名女记者法拉奇采访邓小平，就是从他的生日谈起的。

奥莉娅娜·法拉奇（以下简称“奥”）：“明天是您的生日，我首先祝贺您生日快乐！”

邓小平（以下简称“邓”）：我的生日？明天是我的生日吗？

奥：是的，邓先生。我是从您的传记里得知的。

邓：好吧，如果您这样说，那就算是。我从来不知道我的生日是哪一天。而且，如果明天是我的生日，您也不应该祝贺我：

那就意味着我已经76岁了。76岁的人已是江河日下了！

奥：邓先生，我父亲也76岁了。但是，如果我对他说76岁的人已是江河日下，他会扇我几记耳光的。

邓：他干得好！不过您不会这样对您父亲说的，对吗？

这种类型的侧面提问一点儿都不难应付，相当于是寒暄，主宾双方在一个较为轻松的氛围中像拉家常一样交流即可，目的就是彼此能够慢慢熟络起来，有助于接下来的采访顺利进行。

二是在遇到被采访对象不愿意接受采访，或者不愿意说出事件真相，正面提问不能奏效的情况下，记者常常会采取从侧面入手，稍作迂回，再回到正题上来的提问方法。

美国哥伦比亚广播公司（CBS）的新闻节目“60分钟”，记者莱斯利采访前任副总统戈尔，莱斯利问他：“你还会复出竞选总统吗？”

戈尔一直打哈哈绕圈子，八分钟，眼看采访要失败了。

忽然她问：“戈尔先生，您还会留胡子吗？”

戈尔愣了一下，继续支吾。

她一笑，收住了，全片结束——那一笑就是：“看，政客。”

在这段采访中，如果说戈尔不方便透露自己是否会竞选总统，打哈哈绕圈子也是一种委婉闪避的回应方式，本无可厚非。但是，在一个不断追问是否竞选总统的过程中，突然出现了一个留胡子的问题，这一定是反常的。从这段采访中也不难看出，这确实是记者变换了一种提问方式，意图在于看戈尔是不是还会继续打哈哈，结果他果然是继续支支吾吾，那就相当于侧面中了记者的重重一击。事实上，竞选问题不好回答，胡子的问题还不好回答吗？马上可以说：哈哈，胡子，胡子，胡子的故事太多了……一个男人一辈子，关于胡子的故事还不是一抓一大把吗，认认真真地讲就是了，结果，戈尔脑子没转过来，习惯性支支吾吾，导致自己掉到了记者的陷阱里。

三是在面对一些敏感问题时，直接提问不是很合适，这个时候，记者就会通过旁敲侧击、声东击西的提问方式，来印证某些事实或观点，达到自己的采访目的。还是以法拉奇采访邓小平为例，她提出了这样一个问题：

天安门上的毛主席像，是否要永远保留下去？

法拉奇关心的显然不是一张照片的事情，她的真正问题在于，在这个关键历史关头，新一代领导人如何评价老一代领导人？但这么问会显得很突兀，于是，她从一张照片侧面入手，提出了这个蕴含着丰富而深刻的政治含义的问题。

对这类问题，新闻发言人在接受采访前一定要做好充分的准备，包括对记者问题的预测和口径的准备，只要你做好了相关准备，不管记者以什么样的方式问出来，你都可以游刃有余地作出回答。邓小平同志当然不会露怯，他马上就读出了法拉奇的弦外之音，非常肯定地回答道：

永远要保留下去。过去毛主席像挂得太多，到处都挂，并不是一件严肃的事情，也并不能表明对毛主席的尊重。尽管毛主席过去有段时间也犯了错误，但他终究是中国共产党、中华人民共和国的主要缔造者。拿他的功和过来说，错误毕竟是第二位的。他为中国人民做的事情是不能抹杀的。从我们中国人民的感情来说，我们永远把他作为我们党和国家的缔造者来纪念。[1]

① 《邓小平：天安门上的毛主席像要永远保留下去》，搜狐新闻 2010 年 4 月 23 日。

预设前提

无论回答是“有关”还是“无关”，都表明你同意了“县有关部门坐视不管”这个被预设的前提，而这个前提说明，政府管理是存在问题的。

所谓预设前提，就是记者在提问中设定某种前提或者在提问中已经蕴含某个不利于你的条件，并将这一前提或者条件视作一个得到普遍认可的“共识”或“事实”，从而在不知不觉中将被采访对象拉入某一个语言陷阱。例如：

小孩，藏在你家的八路军伤员走了吗？

在这个问题中，提问者预设的主题是“藏在你家的八路军伤员”，不管这个孩子的回答是“走了”还是“没走”，这一前提都已经预先设定。

你这一次又撒谎了吧？

被预设的前提是“你经常撒谎”，所以当你回答“是”，那么，“这一次你撒谎了”这个结论就被坐实了，而当你回答“没有”时，虽然说明了这一次你没撒谎，却会给人留下你是一个经常撒谎的人的负面印象。

你想在什么时候帮助我们？

被预设的前提是“你肯定会帮助我们”，但是这一前提可能并不正确，你可能并没有想帮忙的意思，但是，当你听到一个具体的“什么时候”时，可能就会条件反射说出一个具体时间，这个时候，你就不得不帮忙了。

这和县有关部门坐视不管有关吗？

无论回答是“有关”还是“无关”，都表明你同意了“县有关部门坐视不管”这个被预设的前提，而这个前提说明，政府管理是存在问题的。

对于记者预设前提的提问，可以有这样几个方法来回应。

第一，“绕”过去，即用闪避的方式来进行处理。

1999 年，以美国为首的北约对南斯拉夫实施了军事行动，当时，西方媒体和政府都指责南斯拉夫联邦部队卷入了对科索沃平民的屠杀，经常有记者问及中方对此问题的看法，中方的回答一直是：科索沃问题是南斯拉夫的内政，应由南人民自己解决。但是有一次，一位美国记者在外交部新闻发布会上突然问发言人孙玉玺：

“那么中方是否认为，南斯拉夫政府对平民的屠杀是其主权范围内的事？”

记者在问题中预先设定了“南政府屠杀平民”这一前提，让问题变得刁钻起来，没法再按照原来设定的口径来回答了，对此，孙玉玺回答道：

“你说的这一情况现在还有待核实。但我们现在看到的情况是，南斯拉夫大批平民在北约的空袭中伤亡，大批难民流离失所，无家可归。”①

孙玉玺通过对前提的质疑避开了刁钻问题，同时，确定地指出以美国为首的北约的空袭造成“大批难民流离失所，无家可归”，这才是真正的“屠杀”。这样的回答，不仅化解了问题对自己的威胁，而且成功地将屠杀的嫌疑转移了出去，化被动为主动，可谓高明。

第二，“消灭”它，即通过直接纠正前提错误的方式来应对。

破解预设前提式的提问陷阱，最好的办法就是直接指出问题中的陷阱所在，纠正被预设，即那个被省略的、看不见的前提中存在的错误。比如，针对网友提出的问题“怎么看待当前高学历人才就业率比不上低学历人才就业率？应对措施是什么？”南开大学龚克校长的回应是：“是不是学历越高就业越难，我觉得这可能是一个伪问题，因此到现在为止没有看到统计说这个事。”

而对前面提到的几个问题，可以这样回答：

——八路军伤员藏在我家？没有这回事啊！

---

① 邹建华:《外交部发言人答问招数破解》，新浪财经 2005 年 7 月 8 日。

——为什么你觉得我撒谎了？我从来不撒谎。

——这个问题的前提是我已经决定要帮助你们，但事实上，目前我还没有想好是不是要帮助你们，所以还谈不上什么时间帮助这个问题。

——首先我想指出，在这件事情上，县有关部门并不是坐视不管，而是一直在积极努力地协调沟通。

否定问题，指出问题是“伪命题”，直接命中“预设前提”的死穴，就摆脱了预设前提的困扰。

闭合提问

记者经常运用闭合式提问的方法来设置问题陷阱，只给被采访对象提供两个选择，让对方陷入非此即彼的选择境地，从中得到实质性材料。

闭合提问，是指所提问题比较具体、被采访者的回答范围狭小、指向性强的提问方式。比如：

——“你目睹了地震的发生吗？”

——“是的。”(或“没有”)

——“你开微博了吗？”

——“是的。”(或“没有”)

记者经常运用闭合式提问的方法来设置问题陷阱，只给被采访对象提供两个选择，让对方陷入非此即彼的选择境地，从中得到实质性材料。面对闭合提问，如果官员没能识别出其中两难选择的陷阱，就在无意中被带入了无论怎么回答都不对的困境。

在校车事故演练中，有这样一个问题抛给常务副县长：

家长向我反映，这辆黑车在路上跑了不是一天两天，至少一年以上了，关于这个情况您之前掌握吗？

这是一个典型的两难陷阱，实际情况是可能“掌握”也可能“不掌握”，但这两个答案都是错的。你回答“掌握”，记者肯定会接着追问：“既然你掌握了这个情况，为什么还会发生这样的恶性事件呢？”但当你回答“不掌握”时，那比回答“掌握”更糟糕，因为都已经一年多了，黑车一直在路上跑，常务副县长居然不掌握这个情况，那是不是说明，政府的管理形同虚设呢？

有的学员在演练的时候，会发现这个问题确实不好回答，于是就采取一种折中的方式，说“有所耳闻”或者“好像是听说过”，似乎这样就能够避免掉入怎么答都不对的两难困境，但是，对于闭合提问来说，只有答案 A 和答案 B，没有中间道路可走，“有所耳闻”式的回答只能是为政府管理的混乱状态提供最有力的佐证。

再比如，在 2016 年伊始中央纪委监察部解读十八届中央纪委第六次全会精神的那场新闻发布会上，新加坡《联合早报》记者提出了这样一个问题：

过去一年，有像令计划、周永康这样的大老虎被打下，中央纪委今年会不会继续？我们会不会看到更多这类级别的大老虎被打下呢？

这个问题的答案只有两个，即“会”或“不会”，但对于回答者来说，答“会”或“不会”都是不妥当的，所以说，这是记者设置的一个“陷阱”。

面对闭合提问的两难陷阱，有学员会问，既然两个选择哪一个都不对，能不能两个都不选呢？当然能！既然两个选择都不对，肯定是两个都不能选。因此，面对闭合式提问，要避免顺着记者提问的思路往前走，避免在记者给出的备选项中进行选择，而是要从非 A 即 B 的两难困境中跳出来。这个时候，有人会接着问，跳出来之后怎么办？如果跳出来以后没有落脚之处，岂不是会摔得鼻青脸肿？确实如此，跳出来以后不能没有落脚之处，那么往哪里落呢？

我的建议是：刚柔兼济。怎么理解呢？刚的部分是事实，是措施，柔的部分是态度，是情感，因此，在无法用事实和措施解释说明的沟通情境下，要迅速转向态度和情感，一句话：讲不下去讲态度，讲不下去讲感情。

讲不下去讲态度。在刚才的案例中，中央纪委案件审理室主任罗东川也是这样回答新加坡《联合早报》记者提出的问题的：“党的十八大以来，以习近平同志为核心的党中央坚持有腐必反，有贪必肃，老虎、苍蝇一起打，以零容忍的态度惩治腐败，反腐败坚持全覆盖、无禁区、无上限，始终保持反腐败的高压态势。任何人都没有丹书铁券，也没有铁帽子王。在这次全会上，总书记再次强调，坚定不移反腐败的决心没有变，坚决遏制腐败现象蔓延势头的目标也没有变。”通过阐释我党对待反腐问题一贯的立场和原则性态度，跳出了“会不会”打下大老虎这样的封闭式问题的陷阱。

讲不下去讲感情。在前述校车事故中，记者提出了一个是否知道“黑车”存在的、既不能说“掌握”也不能说“不掌握”的问题，发言人必须跳出记者设定的这个闭合空间，之后，讲不下去讲感情，讲不下去讲态度："这件事情的教训太深刻了，几个孩子鲜活的生命瞬间就失去了，我的内心非常沉重，痛定思痛，我们一定要……"这样，就摆脱了闭合空间的约束，畅谈事件之后校车管理的决心与思路。

矛盾提问

由于矛盾本身携带着冲突性，具有天然的戏剧化色彩，因此，对于记者提出的矛盾问题，倘若官员不能很好地回应和解决，往往就会成为关注的热点。

所谓矛盾提问，就是指记者抓住现实生活中客观存在或人为制造的矛盾，如回答者前后语言的矛盾、环境条件的矛盾、同侪困境等，并在采访过程中将这些矛盾抛出来的提问方式。由于矛盾本身携带着冲突性，具有天然的戏剧化色彩，因此，对于记者提出的矛盾问题，倘若官员不能很好地回应和解决，往往就会成为关注的热点。

有些矛盾是客观存在的，显而易见，记者只需要带着一双发现的眼睛就可以一眼看出来并在提问时问出来。

在王志采访王岐山的《面对面》节目中，王志不断地根据王岐山临危受命之后在抗击非典过程中出现的矛盾抛出问题，比如：

看你的表态，你在海南时总是说“不要急，不要急，急就要出乱子”，你现在是不是有点急？

言外之意是：在海南时你说不要急，但现在你却很着急，这不是自相矛盾吗？再如：

你上任的时候，我看了这个数字当时是300人不到400人，昨天（即4月29日）的数字是2290人，那跟你的严厉措施是成反比的，说明什么问题？

面对前后信息不一致等基本事实类矛盾提问，新闻发言人回应的重点是解释与说明。比如，记者质疑为什么政府前后发布的死亡人数不一致，或者突然之间死亡人数大幅增加，新闻发言人可以根据救援工作的实际情况实事求是地把伤亡统计的过程阐释清楚。在王志对王岐山“急与不急”的步步紧逼中，王岐山运用辩证分析的逻辑技巧，说明了二者之间的辩证关系：“拍板时不要急，在办事时就要急。”① 而对于“不断治理，感染人数却在不断增加”这样一个看上去很可怕的现实矛盾，王岐山从传染病发展的科学规律说起，诚恳地进行了回应，很有说服力：

传染病有潜伏期，传染源是在我的措施中逐渐地被切断，隔离是一步一步的在被隔离，社区的卫生状况包括社区整个组织、有防的组织是刚刚建立起来，所以在这个问题上应该非常清醒地认识到：现在的措施，要对今后的十天起作用，不能对当天。如果说现在我们有一种措施，能够今天布置下去，当天就解决了。

① 沐风:《采访：提问的艺术》，中国铁路网2007年7月24日。

我们面临的就不是一场严峻的斗争。

有些矛盾则是记者人为制造出来的，这类矛盾最容易形成陷阱，比如同侍矛盾。

最典型的就是法拉奇对基辛格的采访，谈及和尼克松的关系时，基辛格在法拉奇的“恭维”中开始飘飘然，自鸣得意的骄傲秉性一览无余，从而将自己带入了一场丑闻。

法拉奇：基辛格博士，您怎样来解释您几乎比总统更出名，更孚众望这一事实呢？

基辛格：还是你来告诉我吧。我可以肯定，你有你的说明我有名气的道理。

法拉奇：我还没有把握，所以想从这次访问中找出道理来……您就像一个棋手走了几步好棋一样，首先是中国这步棋……

基辛格：是的，中国是我取得成功的重要因素……最主要的一点是……对于美国人来说，他们喜欢骑着自己的马，独自带着旅行队前行的牧童，喜欢这个牧童带着旅行队走进狂野西部的神话。只是带着他的马，如此而已。

这篇文章在《欧洲人》报刊登之后，被美国的各大报纸转载，在基辛格骑马牧童的描述中，尼克松总统变成了一个傀儡，被他这个牧童牵着往前走，总统怎么可能满意呢？所以，多年之后，基辛格在回忆录中袒露，同意进行那次采访是他人生中最愚蠢的决定之一。[1]

在“神舟”五号载人飞船成功返航之后，有记者问杨利伟：你是如何甩掉其他两人的？这个时候，如果被采访对象顺着记者提问的思路，回答说：我的……条件比他们更优秀……就落入了记者的圈套。

面对同俦矛盾问题，正确的做法是不要被记者刺激，要善于分辨矛盾提问中记者真正想问的问题，直接回答那个真正的问题。比如，问及杨利伟的问题“你是如何甩掉其他两人的？”其实质是在问我国的宇航员选拔机制，找到了问题的本质，就绕开了个人恩怨的纠缠，然后直接回答这个机制是如何运转的就可以了。

① 〔意〕克里斯蒂娜·德·斯特凡诺著：《从不妥协——法拉奇传》，陈晗奕、魏然然译，新星出版社 2014 年版。

激将式提问

> 越是能够巧妙地回答记者提出的刁钻刻薄的问题，越是能体现出一个官员的度量、能力与水平。

激将式提问，是指通过一定强度刺激的问题，激起被采访对象的谈兴，从“要我谈”变成“我要谈”。

激将式提问是一种激发式的提问方法，问题一般都比较尖锐，比如美国哥伦比亚广播公司（CBS)《60分钟》节目主播麦克·华莱士，就以其辛辣、强硬的主持风格和近乎“审讯”的采访方式被全世界观众所熟悉，他有一句名言:“采访肤浅的人别找我。我宁愿辞职也不会这么干。”他的提问常常“不按常理出牌”，在“拉链门事件”中采访克林顿时，华莱士提出的第三个问题是:“你是流氓吗？你怎么会跟一个未婚的姑娘在白宫神圣的办公桌上，干那种事情？”

西方记者大都喜欢用激将的方式提问，问题问得尖锐、刁钻、奇特，甚至古怪，意大利记者法拉奇就是以在访问中敢于提出尖锐的问题而著名的，在法拉奇看来，记者并不局限于发现事实，记者需要创造事实，至少要诱发出事实，正如她自己所说的：在采访政治领导人时，我向他提出一些问题，并得到了回答。我创造出事实，围绕着这个事实，肯定将会出现各种讨论。

1969 年 9 月，卡扎菲一手操纵了一场名为“革命”的政变，法拉奇在对他的采访中，提出了一连串直逼要害、一针见血的提问，简直就是一篇讨伐卡扎菲的檄文：

> 你是怎样理解革命的？
>
> 利比亚的事情如果是革命，怎样理解到处可以看见你的照片？
>
> 你禁止很多事情，为什么禁止不了个人崇拜？
>
> 人民爱戴你，你为什么住在军营？

激将式提问如同是“三十六计”中的“激将法”，可以激发被问者的情绪，让他主动爆料。运用激将法提出的问题都有较强的刺激性，咄咄逼人，对被采访对象的心理承受能力既是挑战也是考验，有一些心理承受能力较差的被采访对象，一听到刺激的问题就会反感甚至发火，不仅让采访不欢而散，而且很容易就使自己从新闻发言人变成新闻当事人。

但毫无疑问的是，越是能够巧妙地回答记者提出的刁钻刻薄的问题，越是能够体现出一个官员的度量、能力与水平，而且借助刁钻问题吸引眼球的特点，还能使自己的观点得到广泛传播。原外交部新闻发言人沈国放曾说，记者所提的问题越具有挑战性，他往往回答得越好。[①] 国务院新闻办原主任赵启正也曾经说过：“我喜欢有挑战性的问题，因为挑战性的问题

① 周光凡：《关于新闻发布会的几点讨论》，《新闻记者》2007 年第 12 期。

往往是外国最关心的问题，你回答后容易得到传播，效果好。”[①] 原外交部新闻发言人吴建民则表示，“问题越尖锐，越能碰撞出有意思的回答，表达出自己的立场”，他在当外交部发言人的时候从不责备记者提刁钻问题。

那么，应该如何面对记者的激将式提问呢？国务院新闻办公室原主任赵启正曾经有过一个精辟的总结，他说：新闻发言人不是人，而是一种制度。在此，我们可以把赵启正主任的这句话略微改动一下，即：新闻发言人不是人，而是职务人。也就是说，新闻发言人，一定要树立“我是职务人”的理念。

被称为美国外交舞台上的常青藤、五任国务卿青睐的发言人理查德·鲍彻曾说，我作为发言人站在那里并不是在谈我个人的立场、想法和看法，我所说的都是美国总统和国务卿想要说的话，是解释美国的政策，我的工作就是公布和解释这些政策。我是国务卿的发言人，我实际上是在替国务卿讲话，而不是在替理查德·鲍彻讲话。

由此可见，新闻发言人不仅是一个“自然人”，更是一位“职务人”，只有牢牢树立“我是职务人”的理念，才能在新闻发言的过程中履行好自己的职务行为，避免发言过程中出现“情绪化”状态，无论记者怎么问，哪怕是跳起来问，让他跳起来就是了，你只需要想明白，他究竟想知道什么，然后做出回应就好了。

---

① 聂晓阳：《国新办主任赵启正：喜欢挑战性问题 多年未休假》，《瞭望东方周刊》2005 年 7 月 6 日。

假设提问

不回答假设问题。不假设回答问题。

假设提问，顾名思义，就是通过假设的方式提出问题。假设提问法，是一种试探式的提问方法，通过假设引导被采访对象说出一些对某个问题或某件事情的不大想说、不大好说的真实想法。

1982年秋，在美国洛杉矶召开的中美作家会议上，美国诗人艾伦·金斯伯格请中国作家蒋子龙解个怪谜："把一只5斤重的鸡放进一个只能装1斤水的瓶子里，您用什么办法把它拿出来？"

这显然是一个假设前提下的问题，因为事实上，一只5斤重的鸡是不可能被放进一个只能装1斤水的瓶子里去的，但一般情况下，当人们面对一个问题的时候，总是习惯于顺着问题本身的方向去思考，并努力去想解决问题的办法，果真如此，这个问题肯定是无解的。但是，蒋子龙并没有落入艾伦给自己设置的回答困境，而是满脸笑容地说："您怎么放进去，我就怎么拿出来。您显然是凭嘴一说就把鸡放进了瓶子，那么我就用语言这个工具再把鸡拿出来。”金斯伯格不由赞赏：“你是第一个猜中这个怪谜的人。”

蒋子龙式的机智回应与其说是记者提问，不如说是一个小小的游戏。与蒋子龙相比，王蒙遇到的假设性问题却要真实和敏感得多。1995 年，王蒙应邀访美，美国笔会的一位女秘书（长）专门找到他提问：“今年的诺贝尔文学奖将发给北岛，你知道吗？”

这一听就是个西方社会感兴趣的敏感政治问题，女秘书以假设的方式提了出来，如果按照政治逻辑去作答，怎么表态似乎都不妥，面对这类问题，第一要务就是“脱敏”，不触碰政治部分。但是，怎么才能把问题中的政治敏感性去掉呢？

王蒙首先是“装傻充愣”，他说：“不知道。据我所知，诺贝尔文学奖的评选进程是高度秘密的，别人不可能知道。”但女秘书却说：“但是我知道（后来证明是假的）。”王蒙“唔”了一声，不置可否。女秘书紧接着问：“如果北岛得奖，你有什么反应？”王蒙说：“诺贝尔文学奖有上百万美元的奖金，无论谁得到，都值得祝贺，如果是你得奖，我也一定会祝贺的。”女秘书追问：“对此事中国作家会有什么看法？”王蒙说：“有人高兴，有人不高兴。”听到这句话，女秘书就两眼放起光来了：“为什么会有人不高兴？”王蒙说：“您不也是作家吗？您难道不知道，每个男作家或者女作家，多半会认为他或她自己才是最好的作家，为什么要佩服与拥戴北岛呢？”女秘书一看不行，直接挑明了自己的意思：“那中国政府会是什么态度呢？”王蒙说：“现在谈中国政府的态度为时太早。而且，我也无权代表中国政府发言。”

在这里，王蒙将政治问题转化为了“经济”问题、“人性”问题，从而巧妙地从敏感的政治问题上金蝉脱壳。但是，对于政府官员或新闻发言人来说，由于身处复杂的现实之中，所面对的假设性问题肯定不是“把鸡放到瓶子里”这样的玄想式的问题，比如有一次，一位记者问李肇星：“如果有机会对陈水扁讲话，你会讲些什么？”

该问题的背后是敏感的两岸关系问题，按说对于此类问题，发言人都会有相应的口径准备，回答起来并不困难。但是这位记者通过假设的方式提出问题，提问角度又很刁钻，就不再好作答了。按照准备好的口径去回答，上下文不连贯，会显得发言人死板而教条，但按照记者假设的逻辑去回答，又该说点什么好呢？而且，假如真的有这样的讲话机会，是在什么样的背景之下呢？所以，这个问题看似简单，但却连着盘根错节的现实难题，很难回答。好在李肇星是一个很有个性的人，一句“我凭什么和他讲话？”就把记者给怼了回去。

那如果不如李肇星这么有个性，对于假设性问题应该怎么回应呢，我的建议是：

——不回答假设问题

——不假设回答问题

“不回答假设问题”是方法，你可以直接告诉记者，你这个问题是假设的，并不存在，所以我没法回答。“不假设回答问题”是禁忌，也就是说，发言人是讲究权威准确的，在假设条件下回答问题，很难做到这一点，因此切忌假设着回答问题。

错　问

一是要纠正错误，二是要说明正确。

错问，是一种“以误求正法”，指的是记者故意提出一个错误的问题，来考察、试探、激发被采访对象，以便了解真实的材料，探求事实真相。当记者采用“错问式”的提问方式后，因为这种方法可能会造成记者与被采访对象之间的误解，所以在采访结束时，记者通常都会说明原委，消除误解。

近年来，涉及环境保护的一些重大项目引起的“邻避效应”问题日益突出，一不小心就陷入了“宣布上马——群众抗议——紧急叫停”的恶性循环。如何才能做好这些项目的公共沟通，有效化解“邻避效应”带来的矛盾和问题呢？在“S 市 PX 项目”新闻发布会的演练情景中，我们运用“错问”法，设置了这样一个问题：

据我了解，国际上对 PX 项目的选址要求必须在距离市区 100 公里以外，但是，S 市的 PX 项目距离市区只有 16 公里，请问市长，这么近的距离如何保证市民的安全？

在该提问中，“国际上对PX项目的选址要求必须在距离市区100公里以外”这个说法是不存在的，是一个明显的错误，但这个问题，又是在社会上广为流传的一个谣言，并为广大公众所熟知，面对这个问题，官员应该如何回应呢？在演练中，有这么几种答法。

第一种答法：感谢这位记者的提问，你所说的，国际上对PX项目的选址要求必须在距离市区100公里以外的这个信息，我确实是不掌握，回去我再去核实一下，请你留下你的联系方式……

这样的回答，虽然很谦虚地表明了自己要核实，并愿意继续保持与记者的沟通，但是无形中已经让自己处在了“无知”的被动地位，不仅没能指出记者的错误，还会让“100公里”的概念流传开来。

第二种答法：不会吧，日本横滨的PX项目，距离市区只相隔了一条公路，也没出过问题……

这样的回答，虽然试图用一个案例证明自己的正确性，但由于没有指出记者问题中的错误，而这样的列举又是无限的，现在不出事也并不能说明永远不出事，因此，也不具有很强的说服力。

第三种答法：我不知道你这是从哪里得到的消息，很多国家的实际情况并不是这样的啊！你凭什么说国际上对PX项目的选址要求必须在距离市区100公里以外呢？

这就变成了吵架，正是记者最希望看到的，他可以这样写："当记者问到 PX 项目的选址问题时，这位负责人显得很激动，大声反问记者'你凭什么说……'"这样的报道，往往具有很强的煽动性，但记者的错误却被掩盖了起来。

那么，应该如何面对记者的"错问"呢？

一是要纠正错误，即要识别、指出并更正记者问题中的错误，不然，就会造成错上加错的舆论局面。比如，"首先我想纠正您刚才提问中的一个错误，项目论证过程中我们做了充分的调研，您所说的'国际上对 PX 项目的选址要求必须在距离市区 100 公里以外'的说法是不正确的，目前国际上对 PX 项目的选址要求中并没有这样的规定"。

二是要说明正确。仅有纠错是不够的，记者真正关注的其实是项目的选址问题，因此，在纠正了记者提问中的错误之后，发言人要把项目选址的科学性讲清楚，这样才能从根本上打消公众对于项目选址的疑虑："事实上，据我们了解，美国休斯敦 PX 工厂距城区 1.2 公里；荷兰鹿特丹 PX 工厂距市中心 8 公里；韩国釜山 PX 工厂距市中心 4 公里；新加坡裕廊岛埃克森美孚炼厂 PX 工厂距居民区 0.9 公里；日本横滨 NPRC 炼厂 PX 生产基地与居民区仅隔一条高速公路。因此，距离不是问题，关键在于是不是符合环保要求，具体到我市的 PX 项目，一方面，距市区 16 公里，比美国、日本、新加坡的项目距离居民区都要远很多；另一方面，更主要的是，该 PX 项目经过了严格的环评，能够满足各项环保要求。"

关于"错问法"，需要强调的是，有的时候，记者是真的不了解真实情况，真的问错了，甚至是前期案头工作不充分导致出现了一些失误，但无论如何，对于这种情况，新闻发言人千万不要得理不饶人，坦诚地把真实情况说清楚就好了，这既是善待媒体的体现，也是新闻发言人人格魅力的体现。

追　问

记者的追问，经常会令官员措手不及，尤其是在官员准备不足或者没有经验的情况下，这样的连续发问，几乎都会成为次生新闻的绝佳素材。

追问，是指记者围绕采访主题，循着某种思路、某种逻辑，连珠炮式地发问的提问方法。追问，是记者常用的提问方法，从某种意义上讲，记者的职责就是“不断地追问”。记者的追问，经常会令官员措手不及，尤其是在官员准备不足或者没有经验的情况下，这样的连续发问，几乎都会成为次生新闻的绝佳素材。

2011 年上半年，在国家淘汰落后钢铁产能的情况下，河北省武安市的粗钢产量不降反升，针对当地的小钢厂现象，央视记者向负有监管责任的武安市发改局了解情况，该局分管工业的一位姓马的科长先是称没有领导授权不便受访，后来经当地领导协调，他答应接受采访。但是，在记者的一再追问下，马科长的回答令人大跌眼镜。

记者： 到目前为止我们钢铁产能情况怎么样？

马科长： 钢铁我们的历史发展比较长，产业工人比较丰富。

记者： 那到目前为止我们钢铁产能情况怎么样？

马科长： 我们实施精钢战略是想在调整布局的过程中，提高装备水平，做好节能减排，搞好循环经济发展。

记者： 能问一下，到目前为止钢铁产能情况怎么样？

马科长： 别讲了，别讲了……

记者： 那么从2006年到现在钢铁产能增加了多少？

马科长： 别讲了，别讲了……

记者： 武安市一些企业上的项目，不是国家发改委批的，作为发改局来说，对于这样的产能是怎样一个看法？

马科长： 说不出来。

马科长在记者对同一个问题的不断追问之下彻底乱了阵脚，要不就是"别讲了，别讲了"，要不就是背诵提前准备好的那几句毫不相干的话。那么，如何面对记者连珠炮似的追问呢？一句话：有备而来。

一方面，心理上要有所准备，明白这就是记者的职业特点，不要一看到连珠炮式的发问，就立即摆出一副防范、抵抗姿态；另一方面，是要在采访前做好案头工作的充分准备。

一是要提前预测问题，做到心中有数。根据搜集到的信息，整理出记者关心和关注的问题。预测记者提问，需要把握两个要点。第一，写下所预测到的问题。在预测记者提问时，一定要把你认为采访中可能会被问到的问题写下来，而且是要尽可能多地写下来，准备得越充分，在真正遇到问题时就越不会慌乱。第二，预测问题的角度。白岩松曾经说过，对于记者的提问，基本上很多东西都是可以预见的，不可预见的是角度。确实如此，横看成岭侧成峰，远近高低各不同，每一个话题都有不同的提问角度，因此，新闻发言人在预测问题的时候，对记者提问的角度也要有所考虑。

二是要精心准备口径。口径准备越充分，回答问题就越胸有成竹。口径准备要针对已经预测到的问题来进行，要为每一个问题准备出答案。以下口径准备的七个要点，供大家参考：

1. 要依据事实对筛选出的重点问题着手准备口径。

2. 将重要事实和中心立场以观点句的方式精炼而清晰地列出来，观点句不宜过多，一般而言，3～5句为宜，再多就会让记者抓不住信息重点。

3. 关键口径的撰写，要把重要的信息放在最前面，行文要简洁，陈述事实，避免情绪化观点的呈现。

4. 在一些敏感问题和热点问题上，要把握相关政策，掌握好尺度，定好发布基调，留有回旋余地。

5. 细致研究死穴问题，找出那些媒体纠缠不休的，又是该次事件死穴的焦点问题，准备好回答口径。

6. 口径要反复强调，加深记忆。重复的刺激会引起人们的注意。

7. 将观点精炼为口号。一要短小精悍，二要有节奏感，通过至少重复三次的方式，让它根植于听众脑海之中。

我是职务人

当新闻发言人从内心深处建立起“职务人”的自我认知后，就可以在心理上达成隔离的状态，避免在发言过程中出现“情绪化”等“自然人”状态。

前几年，有一位分管教育的副市长，在接待遭到教师性侵的女童家长时表示，“如果是我的孩子遇到了这样的事情，我就不声不响带她到一个没有人认识的地方去治病，不会向政府要一分钱”。就这一句话，让这位副市长从新闻发言人变为新闻当事人。

之后接受记者采访时，这位副市长说：“我自己也是一个母亲，受害学生家长们的心情我也一样感同身受。正是在这样的情况下，我跟其中的一位受害儿童母亲聊天时说，她们不应该带着孩子来上访，‘如果是我的孩子遇到了这样的事情，我会带着她到一个没有人认识的地方去治病’。”她还进一步解释说，之所以说这样的话，并不是因为觉得遭遇性侵是难以启齿的事情，受害者就应该忍气吞声，而是站在一个母亲的立场觉得，把身心遭受了巨大创伤的孩子带到市政府等公众场所，让她们暴露在众目睽睽之下，是对她们心灵的二次伤害，这样的伤害是再多的钱也无法弥补的。[①]

不难看出，这位副市长之所以陷入舆论漩涡，根本原因就在于她混淆了自己的“职务人”身份和“自然人”身份。作为一位分管教育的副市长，当自己的职务范围内出现侵害群众权益的事件时，她可以从“自然人”的角度切入来表达对受害者的情感，真诚友善地提醒对方一些做法可能带来的不良后果，但更重要的是，她必须站在“职务人”的立场对这件事情进行职务表态，让全社会看到正义的力量和公平的希望。

从职业视角来观察，新闻发言人首先是“职务人”，其次才是“自然人”。社会学家欧文·戈夫曼（Erving Goffman）用了一个戏剧层面的比喻来描述印象管理。他认为我们每个人不仅是一个编剧——创造不同的角色，反映别人看待我们的不同方式，而且是一个表演者——将我们创造的角色表演出来。[②] 新闻发言人也是如此，在社会生活中扮演的是“发言人”的角色，而要演好这个角色，必须牢牢树立“我是职务人”的理念。

只有牢牢树立“我是职务人”的理念，才能在新闻发言的过程中履行好自己的职务行为。“我是职务人”，指的是新闻发言是职务行为，新闻发言人在接受媒体采访时做出的表态是职务表态，代表的不是个人的观点，而是政府和组织的声音，什么话可以说，什么话暂时不可以说，能说的话又该说到什么份上，这些环节的考虑都不是以新闻发言人个人的意志为本位的。新闻发言人必须与决策者进行深入沟通，吃透政策，正确把握组织立场，确保对组织态度、政府政策的准确解释。

当新闻发言人走进记者云集的新闻发布室的那一刻，他就成了众矢之

---

① 《江西瑞昌市副市长蒋贤智回应女童遭伤害事件》，大江网 2013 年 8 月 11 日。

② 〔美〕罗纳德·B. 阿德勒、拉塞尔·F. 普罗科特著：《沟通的艺术——看入人里，看出人外》，黄素菲、李恩译，世界图书出版公司 2010 年版。

的。[①] 树立“我是职务人”的理念，还可以为新闻发言人起到心理隔离的作用，也就是说，当新闻发言人从内心深处建立起“职务人”的自我认知后，就可以在心理上达成隔离的状态，避免在发言过程中出现“情绪化”等“自然人”状态。

我们不妨以问责问题的回应为例来分析一下。

突发事件发生后，关于问责的问题一定会被媒体与公众所关注。一方面，“有敬畏、知所止”，失责必问、问责必严，防止“制度空转”，是全面从严治党的重要抓手；另一方面，在“仇官仇富”的社会心理主导之下，在突发事件发生后，一些公众通常会带着一种快意恩仇的围观心态，期待看到有管理责任的官员被问责。

那么，当问责问题被记者问出来时，政府官员应该怎么回应呢？

在私立幼儿园的黑校车超速超载导致5个孩子失去生命的校车事故模拟演练中，我这样问出事县的常务副县长：

> 我们看到，教育局的副局长已经被停职了，那么，关于这件事的问责，接下来会如何进行下去？

面对这个问题，大多数学员都能给出一个不错的回答：

> 事件发生后，我们已经成立了事故调查组，将对事故进行进一步的调查，在调查的过程中，不管涉及谁，不管涉及哪一级官员，都会严肃查处，绝不姑息。

---

① 〔美〕海伦·托马斯著:《民主的看门狗》，夏蓓、蒂娜·舒译，南方日报出版社2009年版，第31页。

在这种情况下，我通常都会增加演练的难度，进一步追问：

现在是教育局副局长被停职，如果进一步调查，意味着接下来会调查到县里，也就意味着你这个常务副县长有可能会做不成了？

这个时候，很多学员都喜欢表忠心：

如果涉及我，我应该承担的责任，我责无旁贷。

这样的回答听起来忠心耿耿，有一种气概在里面，但我会进一步追问：

说到责任，作为常务副县长，你觉得你对这个事故有责任吗？

到这里，学员就能感觉到问题的压力了，有的学员会直接否定，说：

我觉得我没有责任……

但是，作为常务副县长，怎么可能对这样的事故没有责任呢？
有的学员则想方设法想绕过这个话题，推脱说：

我不是分管县长……

面对这样的回答，只需反问一句："你是常务副县长啊！"他就没话可说了。

有的学员则会承担下来，说：

发生这样的事情，作为常务副县长，我是有管理责任的（或者我负有不可推卸的责任）……

这时，我就会故意将问题推到一个带有伦理色彩的困境之中——

既然你负有责任，你想过要去主动辞职吗?

到了这里，有的学员因为把话说到这个份上了，不知道该怎么收场，索性就说"辞就辞吧！"但自古以来，慷慨赴死易，从容就义难，这种情形下看似担当的表达，接下来就会成为现实中无尽的烦恼。有的学员则愈战愈勇，诡辩说：现在我们最主要的任务是救人，所以，我应该将主要精力放在事故救援上。而这样的诡辩，刚好成为不想辞职的托词，让自己在记者的问题陷阱中越陷越深。

问责问题，无疑是政府官员内心最在乎的一个问题，在对这个问题的步步逼问中，问题本身已经悄悄地发生了变化，问责的对象从整体变为了个体，从全称变为了特称，从"可能被问责的所有官员"转变到了"被采访对象自己"，这个时候，被采访对象的自我命运被凸显出来，形成了对官员的考验。

因此，面对问责问题，我给出的通用的回应原则就是"我是职务人"，也就是说，我是一个有着新闻发言职责的新闻发言人，面对问责这样的问题，一定要回到职务本身，思考问责的口径是什么，始终围绕口径对问责问题进行职务表态，只有这样，才不会让自己左右为难，甚至成为笑柄。如此，采访过程就会变成这样——

记者：我们看到，现在教育局副局长已经被停职了，我关心的是，接下来的调查，将会如何进行下去？

回应：事件发生后，我们成立了事故调查组，将对事故进行进一步的调查，在调查的过程中，不管涉及谁，不管涉及哪一级官员，都会严肃查处，绝不姑息。

追问：现在是教育局副局长被停职，如果进一步调查，意味着接下来会调查到县里，也就意味着你这个常务副县长有可能会做不成了？

回应：不管涉及谁，不管涉及哪一级官员，都会严肃查处，绝不姑息。

追问：那我们谈谈责任吧，你不觉得作为常务副县长，你应该承担一定的责任吗？

至此，表面看起来，记者问的是有没有责任的问题，但本质上，该问题依然还是问责问题，所以，可以继续以口径作答：

回应：不管涉及谁，不管涉及哪一级官员有怎样的责任，都会严肃查处，绝不姑息。

有的学员会问：老师，这样我不就成了复读机了吗？没关系啊，只要你的回应是正确的，做复读机也没问题啊！况且，记者的问题又何尝不是同一个问题，只是换了一个角度和说法罢了。

毛泽东写过一首《西江月·井冈山》，其中有这样两句："敌军围困万千重，我自岿然不动。"郑板桥也有首诗说："咬定青山不放松，立根原在破岩中。千磨万击还坚劲，任尔东西南北风。""我是职务人"，就是新闻发言人必须"我自岿然不动""咬定青山不放松"的底线，尤其是在面对问责如此刚性的问题时，一定要守住"我是职务人"的底线，紧紧围绕口径来作答。

Q =A+1

准备口径，一定不是为了“应对”媒体，更不意味着新闻发言人没有自由，与之相反，口径在手，不仅能够游刃有余地把问题说得更清楚更充分，而且还可以最大程度地保护自己。

美国总统里根根据自己多年接受记者采访的经验总结出一个著名的公式：“Q = A + 1”。

“Q”(Question)，指的是“记者的提问”；

“A”(Answer)，指的是“回应，解答”；

“+”，指的是“桥梁”；

“1”，指的是“口径”，或者说是“你需要说的话”。

“Q = A + 1”告诉我们，一方面，接受记者采访，不是为了回答记者的问题，而是为了说出“1”，即自己应该说的话，如发布某个事实，阐释某项政策、表明某个观点等。“1”表达好了，往往能收到较好的议程设置效果。另一方面，面对记者采访，“A”很重要，确实需要认真回应记者提出的问题，但“1”更重要，怎么从“A”到“1”去呢？通过“+”，即架一个“桥梁”到“1”上去。在技巧上，有一个回答记者提问的“三步曲”：

第一步，尽可能完善地回答被问到的问题（A）；

第二步，采用一个巧妙的转折词（+，桥梁），把话题转到你要说的话上面；

第三步，紧接着说出你自己应该说的话（1）。

转折词“+”的概念样本——

“你这个问题很好，但我从这个问题想到了另一个问题”；

“你这个问题我理解为你是想问我 ×× 问题”；

“你提的这个问题我不太了解，但我所知道的是……”；

“你说得不错，但真正的问题是……”；

“但是，关键的关键是……”

“我不是回答这个问题的最合适的人选，我能说的是……”

“我把你的问题记下来，下次回答你。”

“你提到的问题确实非常重要，我要去查一下。”

…………

再具体一些的样本——

“这件事情正在调查之中，待事情有了明确结果，再与你作答，下面我还是来谈谈……”；

“这个问题提得非常好，非常专业，为了对你负责，我需要同专家们作相应的探讨后再给你答案。”

“现在不是回答这个问题的最合适的时间，一天之内／一周之内……我会和你联系的。”

“对于这个问题我愿意在会后接受你的专访，现在我希望首先回答大家最关心的问题。”

“这一问题，秘书长正在同有关方面磋商，暂时没有新的信息。”

…………

在“Q = A + 1”里，“1”是核心，是新闻发言人以不变应万变，万变而不离其宗的基础。《疯狂动物城》中，兔朱迪因为一场发布会陷入了极大的被动之中，因此，有人专门撰文来分析这位警官所犯的错误，并给她指点迷津，其中有一条就叫“背口径”。比如，当记者问“兔警官，你觉得我们还能信任肉食动物朋友吗”时，朱迪不能回答“可以，我的很多同事都是肉食动物，我们的前台是豹警官，我跟他关系很不错”，而是要用一套书面语来回答：“动物城警方一贯重视肉食动物和草食动物族群之间的和谐，动物城警方的团队构成上，也重视了各族群的比例”[①]。虽然带有很强的戏谑成分，但“背口径”，的确对新闻发言人有很强的指导意义和借鉴意义。

赵启正先生曾经讲过自己的一个经历，2000 年，他有一次需要代表

① 《动物城里，兔朱迪答记者问到底犯了多少错》，微信公众号“影贵妃”。

常任理事国出现在美国的记者俱乐部。去之前，美国哈佛大学的一个教授给他发邮件，说他们会盯着你不放，一定是万炮齐轰，不要过于聪明，也不要太幽默，希望你能成功。去了之后，果然，没多久话题就绕到了“六四”上，一位旅游公司的女总裁说：中国人到华盛顿来得很多，我们很高兴，生意不错，希望多来。我想了一个问题，你们在天安门什么时候为那些学生立一个纪念碑？这个问题是个大陷阱，太难回答了，怎么办呢？赵启正说，那时候我们的标准打法是，我们“六四”处理不会改变，如果没有“六四”处理，今天的中国不会这么繁荣。

赵启正所说的“标准打法”就是口径。口径是一个专有名词，指的是枪、炮管的内直径，后引申为对问题的看法或处理问题的原则。口径，是一个组织对某个问题或事件的基本观点和态度，是该组织的信息边界，也是该组织就某个具体新闻事件对外的统一说法。

口径的重要性，古今中外皆不例外。

美国国务院新闻发言人在新闻发布会上的回答是经过充分准备的，在准备口径的过程中，美国白宫、国务院及政府各部门配合极为默契。某一问题如同时涉及多个部门，相关各方一定会互相征求意见，未形成统一口径之前，问题涉及的各方不会首先表态。如果有部门就同一个问题表态，它代表的一定是美国政府的声音。如果美国白宫、国务院及政府的各个部门在同一个问题上出现不同声音，政府就会成为媒体质疑的对象，政府声誉就会受到影响，严重时还将导致政府危机。①

美国福特总统在第一次新闻发布会举行前，花了 10 个小时做准备工作，还专门演习了一遍。与前任尼克松总统以重重叠叠的帷幕为背景不一样的是，他站在白宫东厅一扇打开的大门前与记者对话，希望借此使水门

---

① 龚爱林：《一门必须做好的功课：谈新闻发布的口径准备》，国务院新闻办公室网站 2007 年 12 月 20 日。

事件造成的紧张空气缓和下来，给人一种轻松的感觉。

国家统计局原总经济师兼新闻发言人姚景源曾经感慨道，新闻发言人这个“官”真难当。国家统计局每季度都要召开新闻发布会，通报我国经济运行状况。尽管会上发给记者的新闻稿只有2页纸，但这之前的准备工作相当繁重。姚景源说，每次会前，他都要仔细地翻阅一大摞从国务院各部门汇总来的报表、资料；要花2天时间参加国家统计局召开的我国经济形势分析会，认真听取各部门负责人发表的意见。对于要发布的统计数据，他还要向国务院各有关部门一条条核实清楚。此外，他必须考虑到中外记者会提出什么样的问题以及自己怎样应答。“每一次的新闻发布会，都如同参加一次考试，内心紧张，甚至彻夜难眠。”

非典期间，在王志采访王岐山的那期《面对面》节目录制以前，王岐山做了两项非常重要的准备工作，一是事先预测记者提出的问题并作出答案。他一共预测了15道题，王志问了其中的13道。二是事先进行了一次40分钟的模拟采访，把可能出现的最坏情况都进行了演练。因为做了非常充分的准备，到第二天正式采访时，面对王志的问题，王岐山对答如流，效果很好。

这些都告诉我们，对于新闻发言人来说，口径太重要了，准备口径，一定不是为了“应对”媒体，更不意味着新闻发言人没有自由，与之相反，口径在手，可谓“得之则百度惟贞，失之则千里斯谬”，不仅能够游刃有余地把问题说得更清楚、更充分，而且还可以最大程度地保护自己。因此，在接受记者采访前，新闻发言人一定要认真熟悉材料，精心预测记者可能提出的问题，并准备回答的口径与尺度，明白要对记者说些什么，并知道以什么样的方式说出来，从而胸有成竹地回答记者提出的各种问题。

不卑不亢，从容有度

崔天凯在新冠肺炎疫情期间和中外记者的几次对话，以严谨缜密的思维逻辑，高超委婉的外交辞令，谦谦君子的儒雅风范，大气从容的沉稳风度，向全世界展示了雍容大度的国家气质，传播了“人类命运共同体”的真正内涵。

2020 年 3 月 13 日，中国驻美大使崔天凯接受白岩松的专访，白岩松问了一个关于病源的热点敏感问题，大使的回应令人印象深刻：

白岩松：前不久我们在媒体当中也经常能听到一些美国政客，会用“中国病毒”这样的字眼来指证新冠病毒。但是现在也有一些学术文章，它指向病源的发端不一定在哪，甚至会有论文说可能是在美国，但是您如何看待这种病毒的源头说。

崔大使：我觉得病毒的源头问题，还是应该让科学家来回答。其他人妄加猜测，没有什么意义，而且对于各国抗击疫情工作也没有任何帮助，可能会制造恐慌、散布歧视，甚至传播谣言。我记得世界卫生组织在给病毒命名的时候，是有原则的，命名不能跟任何地方，任何特殊的群体、个人，甚至不能跟任何动物直接挂上钩，就是为了防止污名化。我觉得世卫组织做得非常客观公道，大家都应该听从它的建议。

太棒了！尊重科学规律，尊重国际规则，不无端指责，不发泄情绪，展现了一个外交家的大国风范。

这让我想起恰好就在一个月前，2 月 13 日，崔天凯与美国记者的那次尖锐访谈，在此，不妨摘出几个记者的问题来感受一下当时的氛围：

英斯基普：我们今天采访的目的是讨论中国应对新冠肺炎疫情的情况。我们的编辑密切跟踪涉华情况，认为这次疫情是中国近年来面临的最严重危机，因为它既是卫生危机，也是经济危机和政治危机。您认为，相比中国近年来面临的其他危机，此次危机到底有多严重？

英斯基普：您刚才说确定了正确的目标。那么问题是你们做错了什么需要纠正。我知道处于此次疫情暴发中心的湖北省两名高级别官员已被解职。什么地方出了错？

英斯基普：当前在中国内部有很多不寻常的批评声音，李医生去世几天后，针对湖北省政府官员承认不知道问题的严重性、不知道新冠病毒感染者到底有多少，有一条社交媒体评论表示，一个多月过去，总算有句实话了。这是不是说明了政府在一定程度上失信于民？

英斯基普：当美国人看待中国为应对这场危机所做努力时，一些人会很自然地将美国制度与中国制度进行比较，他们会问，如果危机发生在美国，情况会有什么不同？他们可能会说，为防止病毒传播，中国可以封锁整个城市的举动令人印象深刻，因为这在美国不太可能发生。但同时他们也会认为，美国的制度更加开放，人民在分享信息和获取可靠信息方面也更加自由。这可能就是美国人对比中美体制优劣的方式。您怎么看待这种比较呢？

英斯基普：美国商务部长罗斯前几天就此次疫情评论称，他不愿就此次疫情表达喜悦，但疫情确实是企业在确定其供应链时需要考虑的一个因素。我理解他的意思是，这场疫情给美国企业离开中国又提供了一个理由。

“中国危机”“中国错误”“失信于民”“美国制度优于中国制度”“美国企业离开中国”，这些问题充满了高高在上的优越感和可以决定你命运的上帝视角，都已经预设好了立场，看上去就好像“所有的结局都已写好，所有的泪水都已启程”，再回想一下当时中国疫情防控的紧张状态，可以想象得出来，崔天凯当时顶着多大的压力接受这次采访，直面这些尖锐的问题，但从结果来看，他既不妄自菲薄，更不妄自尊大，不卑不亢，有理有利有节地回应了这些问题，为其时沉闷消极的中国舆论场注入了一剂强心针，人们纷纷转发点赞。

他是怎么回应的呢？针对“中国危机”，崔天凯并没有回避这个问题，他说：“（新冠肺炎疫情）是对中国的巨大挑战，”但同时，马上就从传染病的特点和规律出发讲道，“某种程度上来说，对整个国际社会也是一个巨大挑战。随着社会发展和经济增长，应如何解决公共卫生需求、应对像这样的传染性疾病，这是对整个国际社会和所有政府的挑战。有人说挑战是前所未有的，我们的应对措施也是前所未有的。这是事实。我们正尽全力防控疫情，治疗患者，并努力降低疫情对经济和社会活动的影响。我们仍在全力以赴。”

对于“中国错误”的问题，崔天凯始终坚持从科学的视角出发来进行回应，他说：“这是一种全新的病毒，一开始人们对它知之甚少，因此需要一个加深对其了解的过程。从识别病毒到掌握其性质及传播途径，都需要时间。对任何人来说，了解这一切都需要过程。”

面对政府“失信于民”的问题，崔天凯首先对问题进行了分化，缩小了问题范围：“说到政府，中国有不同层级的政府，这跟美国是一样的，我们有中央政府、省政府、市政府、乡政府，所以谈到政府不能笼而统之。有时某一级政府可能会犯错，这是可能的”，同时，强调这类问题是具有普遍性的，“在世界各国都很正常”，所以得出结论“但不能就此说整个中国政府错了，这不符合事实”，将“中央政府”彻底地解脱了出来。

对于“美国制度优于中国制度”这样盛气凌人的问题，崔天凯首先从自己的职责定位出发说：“作为一名外交官，我通常不会将中国政府和美国政府进行比较，但人们可以有自己的观点”，接着，抓住问题要害，反戈一击，讲到美国在突发事件处置中也同样存在问题：“我们看到美国也曾遇到过自然灾害、紧急事件，比如几年前的卡特里娜飓风，你们的确没有封城，但城市却陷入混乱。我访问路易斯安那州时，那里的人们给我讲了各种各样的故事。”

接着，崔天凯回到自己的立场：“我们对武汉等城市实施封城，目的是为了阻止病毒传播，为了保护更多的人。我们当然付出了高昂的代价，但这么做是为了更广泛的全世界的利益。如果不能阻止病毒传播，其他国家就会被殃及，从而造成国际性危机。因此，我觉得我们所做的正体现了‘我为人人，人人为我’，这么做是为了全世界。同时我们也感谢国际社会的支持和帮助。”展现了一个负责任大国的态度。

对于美国商务部长罗斯“美国企业离开中国”的问题，崔天凯首先表明了自己“据我所知，很多人难以苟同”的不赞成态度。接着将这一政治色彩很浓的问题“去魅化”，从现实逻辑和历史逻辑来进行作答：“我认为‘脱钩’不应该发生，也不可能发生。因为我们是世界上最大的两个经济体，如此紧密联系且相互依存，这符合两国的利益。两国经济和人民都受益于经贸关系的不断发展”，同时直言不讳地指出了这种说法背后的不良动机：“为什么有人要切断这种关系，图谋所谓‘脱钩’呢？”

面对记者的追问：“这是否意味着特朗普政府采取的种种措施，如限制华为或其他中国公司、促使美国公司转向越南等等，最终都不会成功？”崔天凯依旧不卑不亢地，坚持用事实说话，用经济和技术逻辑回应：“好消息是我们已经签署了中美第一阶段经贸协议。这证明双方都有意愿解决问题，维护和发展双边经贸关系。这是双方一次很好的尝试。同时，我认为必须遵循经济和技术的客观逻辑，违背这些逻辑是不行的。美国企业也必须权衡利弊，以资源分配和生产效率最优化为目标，按经济规律而不是任何政客的意愿行事”，从而将对方想方设法强加的“政治意味”剥离得一干二净。

而在白岩松的采访中，白岩松也和美国记者一样，提出了一些比较尖锐的问题，比如——

因为前不久的时候，大家可能对（中美）贸易战打了这么长时间，印象非常深，结果一下子看到新闻，美国取消了中国产品包括口罩、防护用品等等在内的用品关税壁垒，这等于为美国进口中国的这些产品降低了门槛，您怎么看待美国比较实用性的变化？是否乐于促成？

经贸合作是中美两国关系的压舱石，也有网友在问中美贸易，您觉得这次疫情会打乱中美之间经济方面的合作吗？因为听到一些声音，美国说有利于很多在中国的资本回到美国等等，您怎么看待这个问题？疫情会影响中美两国的经济、经贸合作吗？网友也在问。

本周关于资本市场有大新闻发生，因为美国股票市场两次出现熔断这样一个局面，它对美国产生了什么影响？它反映的是美国资本界和经济界怎样一种态度？他们在担心什么？

对此，崔天凯的回应始终坚守三个底线，第一，面对这样一个全球性挑战，必须要加强国际合作；第二，保持世界各国对经济前景的信心，共同努力，保持经济、金融的正常运转和稳定；第三，我们愿意发挥负责任大国的作用，向各国提供力所能及的帮助。

外交是“国家以和平手段对外行使主权的活动”，近年来，中国正逐渐成为世界大国，提出了要推动“构建人类命运共同体”的设想，这个时候，需要外交官展示出一种战略自信，展示出一个泱泱大国应有的包容气度和自信风范，而不是动辄以国家名义去抗议，给人以脆弱敏感的印象。崔天凯在新冠肺炎疫情期间和中外记者的几次对话，以严谨缜密的思维逻辑，高超委婉的外交辞令，谦谦君子的儒雅风范，大气从容的沉稳风度，向全世界展示了雍容大度的国家气质，传播了“人类命运共同体”的真正内涵。

情怀还是科学?

关于科学素养，有两个具体的要求：一是社会争议话题的发布必须科学准确；二是在这个科学时代必须要进行科学普及。

有这样一个事例：2014 年 10 月 19 日，是既定的第 34 届北京国际马拉松赛比赛日，但天气预报显示，这一天北京空气重度污染。比赛前晚，北京马拉松组委会表示，因北京马拉松赛事规模庞大，有 46% 的参赛选手来自国外及国内其他地区，组织管理工作涉及方面众多，赛事延期、改期的难度巨大，请社会各界及各位选手予以理解。19 日早上 8 点，马拉松赛鸣枪开跑，起点附近设立的空气质量监控站显示，空气污染指数达到了 444——“严重污染”的水平，不少跑者都戴起了各式各样的高倍防护口罩，甚至有人戴着防毒面具坚持跑步，有选手沮丧地赋予这届马拉松赛一个新名称：霾拉松。

在雾霾事件的演练中，我会向扮演北京市分管环境的副市长提出这样一个问题：“上周的马拉松比赛，我们看到有市民戴着防毒面具在跑，所以，网友向市长您提出了一个问题，如果让您带领市民们在雾霾天跑一场马拉松，您愿意吗？”对此，大多数学员的回答都是斩钉截铁的：“没问题，我愿意和市民们同甘共苦。”

“我愿意和市民们同甘共苦”，有问题吗？

太有问题了！

如果一个市长不是去下大力气治理雾霾，而是和大家一起去“吸霾”，以此来博得市民的认可和支持，可能吗？不可能的！因为市民们真正想要的是绿水青山，和市长一起跑步，与其说是提出了一个要求，不如说是发泄了一种情绪。因此，这个问题背后真正考量的是“重情怀”？还是“重科学”？

答案不言而喻。所以，这个时候，市长的回答应该是这样的：“无论是谁，都不适合在雾霾天跑马拉松，因为在雾霾天跑马拉松是不科学的，会影响健康。”然后，再话锋一转，转到真正的问题——治理雾霾上来，这样，就很好地对问题做出了解答。

事实上，在当今这样一个社会意见分裂后的传播语境中，科学是政治传播的重要共识基础，而新闻发言人的专业素养，更多体现为科学素养。关于科学素养，有两个具体的要求。

一是社会争议话题的发布必须科学准确。这一点看起来容易，做起来很难。比如，在一些城市内涝发生后，很多官员喜欢用“百年一遇的大雨”来强调和突出事件的天灾性质，但当被进一步追问“什么叫百年一遇？”时，通常就答不上来了，可见，他并不了解这个专业词汇的具体内涵，而“以其昏昏，使人昭昭”的结果，只能是捡起石头砸了自己的脚。再如，在天津港“8·12”瑞海公司危险品仓库特别重大火灾爆炸事故的新闻发布会上，当记者问到，爆炸的仓库距离居民小区究竟有多远时？一位新闻发言人回答“还是蛮远的”。什么叫“还是蛮远的”呢？是100米、

1000 米，还是 10000 米？没有一个准确的数据，很难令人信服。

二是在这个科学时代必须要进行科学普及。钱学森曾经要求大学毕业生在毕业时交两篇论文，一篇是专业论文，另一篇则是科普文章。他认为只有把问题真正研究透了，才能做到深入浅出。对新闻发言人来说，这一点尤为重要，在进行科学普及、使用一些专业术语时，不要讲得又专又深，而是要能够把晦涩艰深的专业知识转化为通俗的语言，不然，很难达到预期的传播效果，甚至可能会增加更多的误解。

有一个关于科学的故事值得我们深思。据说在 20 世纪美国化学工业快速发展时期，一个 14 岁的中学生 Brain 做了一项关于“一氧化二氢”化学品的签名试验，以此发表了题为“人们是怎样变得大惊小怪”的论文并且获奖。

Brain 以一氧化二氢这种产品出现的副作用展开签名调查，看大家是否接受这家生产该产品的企业上项目。

Brain 罗列的“一氧化二氢”的副作用有：

1. 引起过度出汗和呕吐
2. 是酸雨的主要组成
3. 在它气态时会引起剧烈爆炸
4. 如果意外吸入，能够置人于死地
5. 能导致腐蚀、发霉
6. 降低了汽车刹车的效率
7. 能在癌症晚期患者的肿瘤中找到它的踪迹

结果，在看到上述副作用之后，被调查的 50 名人员有 47 名当场表示坚决反对，2 人表示不清楚，只有 1 人被告知这种化学品就是水时才表示无所谓。

这很容易就让我们想到2013年5月《人民日报》发表的一篇评论文章，题目叫《评PX风波：用什么终结“一闹就停”困局》，文中写道：曾在厦门、大连、宁波等地引发争议的PX项目，在彭州、昆明再掀波澜。牵涉公众利益，若政府仅以通告和告知单向传输，怎能赢得民众支持？公众激烈表达背后，实际是未被尊重的权利、未被满足的诉求，是没有被听见、看见的情绪和声音。

内外有别

既要遵循组织沟通的一般规律，又要了解公众沟通的基本特点。

2018年1月25日，我们给万宁市新闻发言人培训班设计了一个某镇中学学生食物中毒事件的舆情演练，在最后的新闻发布会演练环节，扮演副市长的学员在通报情况的时候说——

> 事件发生后，市政府高度重视，启动了应急机制，成立了以分管教育的副市长为组长的领导小组，下设五个工作组，分别为医疗组，组织医院全部力量抢救中毒学生；事件调查组：封存食堂和食堂购买的菜种，查明中毒原因；安抚组：教育局负责，做好学生和家长的思想工作；舆情引导组，宣传部负责，主流媒体首先介入；综合组，处置相关工作。

某位同学做了点评，他说，刚才副市长的情况通报中有几个问题，一是讲到安抚组的任务时，说他们是去做学生和家长的思想工作，这个是不对的，现在不是学生和家长的思想出了问题，而是出现了食品安全问题，所以，应该是在事件层面去解决问题，而不是去做当事人的思想工作；二是有些工作组是不能介绍的，比如说舆情引导组，舆情是什么？舆情是事件发生后的舆论情况，是人们的观点和情绪。对突发事件来说，本质上是要解决事件，而不是要去解决舆情。再比如说维稳工作组，虽然现实中这项工作确实要做，但并不适合通报。

那么，为什么这位副市长会这样通报？他怎么通报才是合适的呢？这就涉及内外有别的问题。

在一个政治系统里面，政治信息的流动分为内部沟通和外部沟通两大部分。内部沟通是指政府内部的沟通，解决的是政府部门内部官僚体制下的信息交流、信息共享问题。外部沟通是政府与外部的沟通，解决的是政府与社会各个主体之间信息传递的良性互动关系，以及全球化背景下政府部门与国际社会之间开放的信息交流与合作问题。内部沟通和外部沟通需要遵循共同的沟通规律，但又有各自的沟通特点，这就是所谓的“内外有别”。

“内外有别”，是我国对外宣传的经典原则之一，同时，也是一般的政治传播的一个原则，比如我们经常听到一个说法叫“内紧外松”，就是典型的“内外有别”。

以刚才的副市长通报为例，他所说的成立了几个组，每个组的工作职责，应该属于内部沟通的内容。也就是说，在向上级汇报的时候，成立了哪些工作组是必定要提到的，这是组织运行的基本机制。对组织而言，这非常重要，因为工作机制是否能够良好运转，决定了最后的工作成效。但是，对公众来说，他们关心的是政府采取了哪些措施、取得了哪些效果，因此，和公众沟通的时候，可以讲启动了应急响应，建立了工作机制，顶多讲有几个工作组，但完全没有必要展开讲每个工作组的职责，而且，公共沟通的重点不在于工作机制是怎样的，而在于在某个工作机制之下做了哪几项工作、收到了什么成效。一言以蔽之，不讲“工作机制”，讲“工作”。

因此，对于新闻发言人来说，一定要注意到自己是组织内外沟通的枢纽，注意到发言人工作的特殊性，既要遵循组织沟通的一般规律，又要了解内外部沟通的不同特点，分清“内”与“外”，做到内外有别，二者兼顾。

关　系

一部人类史，说到底就是一部关系史。

在某次给某水利部门的新闻发言人的演练中，扮演记者的学员问了两个涉及部门关系的问题，一个是——

多年来，几乎每年的防汛抗旱会议都预报可能发生较大洪水，年年打狼不见狼，请问到底是气象部门不靠谱，还是水利部门夸大防汛形势？

学员回答说：你说的这个问题很常见，经常是预报来水没来水，我们也确实经常喊狼来了。个中原因，一是天气预报的精度达不到要求，气象部门应该提高中长期天气预报的能力，加强中长期预报的准确性。二是防汛抗旱的核心是“防”，不能等狼来了再做工作，狼没来的时候做准备很正常，我们要以百分之百的工作面对万分之一的可能。

另一个问题是——

实行河长制以后，有的地方行政首长不懂水利，做出的决策并不科学，你们是如何协调和地方政府官员之间的关系的？

学员回答说：我们和地方政府之间经常发生不愉快的事，有些地方行政首长业务不熟，还不大听我们的意见，对防汛工作很不利，要妥善处理。对此，我们一是要坚持原则，敢于参谋，确保这条河安全；二是要善于参谋，做好基础工作，把方案的优缺点说清楚，现在地方官员的学历都很高，可以理解。实在不行向上级反映，让上级领导和专家来做工作。总之，防汛的目的是为了安全，出现争执很正常，可以通过协调给予解决。

对此回答，我只能给 25 分。为什么只给 25 分呢？我们来分析一下。

发言人开始回答说：你说的这个问题很常见，经常是预报来水没来水，我们也确实经常喊狼来了。

“经常是预报来水没来水”“防汛工作经常喊狼来了”，这样的定性是不妥当的，很容易形成标题效应，成为网络热炒的议题。事实上，发言人后面对这个问题做了很好的解答：防汛抗旱的核心是“防”，不能等狼来了再做工作，狼没来的时候做准备很正常，我们要以百分之百的工作面对万分之一的可能。

发言人接着说：个中原因，一是天气预报的精度达不到要求，气象部门应该提高中长期天气预报的能力，加强中长期预报的准确性。

这里，发言人指责气象部门的工作达不到要求，不合适。一是身份不对，水利部门的发言人公开指责气象部门的工作不到位，只会使双方关系交恶，这就缘木求鱼，背道而驰了；二是内容不对，从科学角度分析，气象的短期预报能力远远高于中长期预报能力。地震则相反，中长期预报能力远远高于短期预报能力。提高气象的中长期预报能力和地震的短期预报能力，目前都是科学难题，而不是气象部门应该不应该或者愿意不愿意的问题。

回答第二个问题时，发言人说：我们和地方政府之间经常发生不愉快的事。

这又是一个不当结论，给人留下了无尽的猜想空间——哦，不愉快？什么不愉快？为什么不愉快？还经常？这就把正常的业务摩擦变成了敏感的政治话题，成为吃瓜群众茶余饭后的谈资和笑料。

紧接着，发言人又说：有些地方行政首长业务不熟，还不大听我们的意见，对防汛工作很不利，要妥善处理。

这就更不恰当了。地方主官如何决策？一定会依据业务主管部门的意见，但一定不只是依据行业管理部门单方面的意见，还要综合考虑地方人力物力财力配置乃至各种现实利益博弈等多方面的因素。即便个别官员主观意志强，作为合作交流对象的一种人格特征，也属于正常的工作范围，不能公然谴责，而是要通过良好的制度设计和更高明的沟通技巧与之沟通。事实上，发言人在后面部分也试图去讲遇到这样的问题怎么办，本来讲得挺好的，可惜还是画蛇添足了。

发言人接着说：对此，我们一是要坚持原则，敢于参谋，确保这条河安全；二是要善于参谋，做好基础工作，把方案的优缺点说清楚，现在地方官员的学历都很高，可以理解。实在不行向上级反映，让上级领导和专家来做工作。

在这里，发言人应该从制度设计的层面讲清楚，当部门之间出现意见不统一的情况时是有制度安排的，比如像他后面所说：总之，防汛的目的是为了安全，出现争执很正常，可以通过协调给予解决。甚至他可以说，出现争执可以向上级主管部门反映，但无论如何，不能是“实在不行向上级反映”，传达出来的是一种忍无可忍的个人情绪色彩，将正常的工作分歧变成了个人恩怨，很容易成为社会舆论关注的热点话题。

一部人类史，说到底就是一部关系史。如果用马克思主义关于生产力和生产关系的原理来解释，生产力是抽象的，生产关系则是具体的。因此，作为个体，人需要处理好自己身边的各种关系；作为官员，也要处理好上下级之间、同级之间、不同部门之间，以及政府与媒体、官与民之间的关系。生产关系处理不好，就会阻碍生产力的发展，阻碍社会进步。

找到真问题

即使你听明白了记者所说的每一个字，也明白了他想问什么，也未必就能够回答好。

2014 年 2 月 20 日，石家庄市民李贵欣状告石家庄市环境保护局应承担起治理雾霾的责任。该事件成为全国首例公民因空气污染向政府部门提起损害赔偿请求的环境诉讼案，李贵欣也因此成为因雾霾状告政府部门的全国第一人。基于此，我在雾霾事件的情景演练中，会向扮演副市长的学员提出这样一个问题：

最近，有一位石家庄市民状告市环保局治霾不力，并提出了损害赔偿，请问您如何评价这个案件？

回答这个问题时，学员通常都会讲到“这是件好事，说明公众的维权意识在增强”。但当我进一步追问“那您希望这位市民告赢吗”时，有的学员会说“我希望结果是双赢的”，用愿望来回避直接面对现实问题，算是一种巧妙回答问题的方法；也有的学员会说“这说明老百姓对政府工作有不满意的地方，但民告官总归是不好的，最好能通过别的方式来表达诉求”，这样的回答暴露出了官员虽然肯定了公众的维权意识，但依然不愿意对簿公堂的心理。那么，究竟应该怎么回答才最恰当呢？

事实上，要回答这个问题，必须找到问题背后的“真问题”——在设计这个问题的时候，我们的考核点在于“行政权和司法权的独立性”，这才是问题的真正所在。所以，当找到真问题后，回答就很简单了：“至于说谁输谁赢，应该尊重司法的最后裁决，当然，无论谁输谁赢，出现民告官的情形，都说明老百姓对政府工作还是有不满意的地方，这也促使我们反思执政过程中存在的问题，进一步改进工作方式，提升执政能力。”

在雾霾事件的演练中，我通常会在最后问这样一个问题：“请问 × 市长，究竟什么时候我们可以见到蓝天？”面对这个问题，大部分学员都会讲到，雾霾的治理是需要一个过程的，政府正在采取积极的措施，相信经过全社会的齐抓共管，一定会见到蓝天。

在这里，当听到“什么时候可以见到蓝天？”学员马上想到的就是“什么时候可以治理好雾霾？”但这两个问题，真的是一个问题吗？

什么时候可以见到蓝天？

什么时候可以治理好雾霾？

很显然，这是两个问题，一个是气象问题，一个是治理问题。但由于二者之间的强相关性，第一个问题往往会干扰发言人的思维，混淆发言人的认知，形成思维错觉，即听到第一个问题，马上就联想到第二个问题，于是就直接忽略第一个问题，开始回答第二个问题。如果真这样了，我就会不断追问“究竟什么时候可以见到蓝天？”学员往往是不知所措的，这就达到了记者想要的采访效果。

可见，即使你听明白了记者所说的每一个字，也明白了他想问什么，也未必就能够回答好。因此，听题的过程一定也是一个审题的过程，要弄清楚记者的真正意图究竟是什么，找到真正的问题所在，并确定具体的回应方式。

对于这个问题，第一步，先面对“表象”问题，即“什么时候可以见到蓝天？”这是个很具体的气象问题，根据实际情况来回答就可以了。你可以这样说，您可以看看窗外，此时此刻，外面的天空就是一个碧洗蓝天。你还可以这样说，根据气象预报，明天将会有一个冷空气过程，后天，我们就可以见到蓝天了。这样的回答，能够很好地缓解公众对于雾霾困扰的即时、短期情绪。第二步，再来回答深层次的问题。也就是说，对这个问题的回答并不能到此就结束，而是要由表及里，开始回答“什么时候可以治理好雾霾”的问题，通过讲感受、讲措施、讲效果、讲道理、讲未来，缓解社会情绪，为雾霾治理创造一个共识共建共治的良好社会氛围。

还有半杯水

本质相同的事件，思维方式不同，表述框架不同，带给人们的情绪反应和心理感知截然不同。

心理学家曾做过一个“半杯水实验”，面对同样的半杯水，消极和悲观的人会说：“我只剩下半杯水了。”积极和乐观的人则会说：“我还有半杯水呢！”这就产生了一个心理学理论，叫“半杯水理论”，也有人称之为“半杯水思维”。

如何理解“半杯水理论”呢？我们先来看一个小故事：

有个人来到一个建筑工地，有三个人在那里工作，他先问第一个人：“你在干什么？”那人说：“我在砌砖。”他接着问第二个人：“你呢？”得到的回答是：“我在修一堵墙。”然后他走到第三个人那里，问他：“你在干什么？”那人一边哼着小曲一边说：“我在盖一座教堂。”

同样是建筑工人，干着同样的活，却出现了三个不同的答案：“砌砖”“修墙”“盖教堂”，从“砖”到“墙”，再到“教堂”，工匠眼中看到的东西不同，表述的内容就不同，带给人的心理感知也完全不同。“半杯水理论”的成果在心理学应用中体现为一种心理疗法——情绪调节，有一个典型案例：

一个老太太有两个女儿，一个开洗衣店，一个开伞店。老太太左右为难：晴天，担心开伞店的女儿的生意不好；阴天，担心开洗衣店的女儿的衣服晒不干。有一天，有人劝导，老太太你好福气，下雨天，你开伞店的女儿生意好，该高兴；天气好，你女儿的衣服干得快，也该高兴。对你来说，哪一天都是好日子呀。老太太一想，也真是这样，心情顿觉好多了。

只有当你自己感到有希望，你才会给别人带来希望。如果你的故事充满了苦涩、憎恨和愤怒，你最好将你这些不好的情绪隔离起来，而不是影响你周围的人，你的目标是通过传播情绪，使你想影响的人充满希望并行动。[①] 在老太太的故事里，一切现实条件都没有变，但经过劝导，老太太看待问题的方式变了，心境就迥然不同。这也启示我们，新闻发言人讲道理，一定要具备“半杯水思维”。

在北京大雨的情景演练中，有一个问题是这样的：

人们不能理解的是，为什么一场大雨就让首都北京瘫痪成这样，北京的公共设施为什么如此脆弱不堪？

---

① 〔美〕安妮特·西蒙斯著:《故事思维》，俞沈彧译，江西人民出版社 2017 年版，第 165 页。

面对这个问题，学员通常会这样回答：这场大雨确实暴露出了北京城市公共设施中存在的一些问题，大雨之后，我们一定会认真总结，在今后的工作中进一步加以改进。

对此，我一定会追问，请问暴露出了哪些问题？这个时候，学员都会意识到自己的回答出现了问题，但接下来的表现却不太一样，有的学员索性破罐子破摔，开始一条一条分析问题；有的学员则往回找补，将回答的重点放到了雨确实太大上，还有的学员不知道该怎么回答下去，陷入长长的沉默之中。

在点评这一段的时候，我通常会用到“半杯水理论”，强调面对记者的负面设问，新闻发言人必须具备“还有半杯水”的正面回应能力。

任何事情都有两面性，《易经》有言：独阴不生，独阳不长。如果只是孤立地观察事物的某一面，看到的要不就全部都是光明伟大，要不就全部都是黑暗阴沉，但这都是片面的，不能代表事物的全部。因此，当学员从问题的视角回答时，看到的是“只剩半杯水”，结论落到了北京市公共设施建设存在一系列问题上，将大雨的性质从“天灾”变为“人祸”，极容易将政府管理带入到全民谴责的舆论氛围中去。那么，如何将“只剩半杯水”变成“还有半杯水”呢？

至少有两种正面回应的方式，可以防止在记者的负面设问中做出负面回答。首先，在大雨发生的初期，问到公共设施脆弱不堪的问题，指向的是大雨背后的原因问题，这个时候，根据“快讲事实、重讲态度、多讲措施、慎讲原因”的基本原则，可以这样说：

大雨发生之后，我们迅速启动了应急响应，政府相关部门的救灾人员目前正在全力以赴抢险救灾，至于说北京的公共设施是不是存在问题？存在什么样的问题，我们也有专门的调查评估组在进行评估，结果出来之后将向全社会公布，请你及时予以关注。

其次，在大自然面前，人往往是力不从心的，所谓的“人定胜天”，更多的时候只能是一种自我激励和精神鼓舞，因此，面对突如其来的灾害，可以实事求是地说：

这次大雨是新中国成立以来北京市最大的一场暴雨，最大降雨点房山区河北镇达到了460毫米，大大超过了北京市目前防汛抗旱的设防标准。大雨发生之后，北京市党委政府高度重视，目前已经启动了一级响应……

一个城市的防灾减灾能力是有一定限度的，超过了设防标准，就超出了政府管理的能力范围，无论如何也不能是“人祸”了。

在校车事故的情景演练中，关于“赔偿”问题，官员有以下两种从情感表达切入的方式：

1. 到现在为止，花多少钱都无法补偿孩子们的家长！
2. 到现在为止，花多少钱可以把孩子们鲜活的生命买回来？

看起来，这两句话的意思差别不太大，实际上，却是失之毫厘，谬以千里，内涵完全不同。

1.“到现在为止，花多少钱都无法补偿孩子们的家长！”——

传递出的是自我谴责和懊悔的情绪，是站在当事人、甚至是加害者的视角对事件表达的态度。这样的表态，其背后的逻辑是，既然你无法补偿我，那么，你就永远欠我的，那我就可以随时去找你索赔，因此，如果用这样的逻辑表态，结果可能导向无休无止的闹访和缠访。

2. “到现在为止，花多少钱可以把孩子们鲜活的生命买回来？”——传递出来的则是对失去的鲜活生命的深深惋惜和痛心，是站在人文关怀的视角所表达的对逝者的态度。这样的态度，不仅体现出了政府官员的人文情怀，也传递出了重建理性的价值取向，也就是说，发生这样的悲剧确实是大家都不愿意看到的，但不幸的是，事情发生了，这样的悲剧不是金钱能够解决的问题，因此，在事件的处理过程中，就不能只奔着钱去，而是要合情合理合法地解决好这件事情。

由此可见，本质相同的事件，思维方式不同，表述框架不同，带给人们的情绪反应和心理感知截然不同。在接受记者采访的时候，理解并运用好“半杯水理论”，对于新闻发言人来说至关重要，一言以蔽之，新闻发言人必须具备正面回应能力。

话语重述

有记者问钱其琛："你对美国设立的'自由亚洲电台'有何评论？"钱其琛回答说："所谓'自由亚洲电台'，就是自由干涉亚洲国家内政的电台，在亚洲不受欢迎。"

《六组坛经·行由·第三节》记载了六祖惠能成佛的经历：

惠能安置母毕，即便辞违，不经三十余日，便至黄梅，礼拜五祖。祖问曰："汝何方人？欲求何物？"惠能对曰："弟子是岭南新州百姓，远来礼师，惟求作佛，不求余物。"祖言："汝是岭南人，又是獦獠，若为堪作佛？"

就是说，惠能安置好母亲后与母亲辞别，大约走了30多天便到了黄梅，去拜五祖弘忍。弘忍问惠能："你是哪里人呀？来这里找我想做什么呀？"惠能回答说："我是岭南人，来找您老人家不为别的，只求您能教我佛法，让我成佛。"弘忍斥责道："你是岭南人！一个没文化的民工难道也想成佛？”

面对一代佛学大师五祖弘忍如此露骨的地域歧视和人群歧视，惠能是不是被吓住了呢？当然没有，如果被吓住了，就不会有后来的六祖惠能了。那么，惠能是如何回应的呢？

惠能曰：“人虽有南北，佛性本无南北；獦獠身与和尚不同，佛性有何差别？”

惠能说：“人虽然分南北，佛性却不分南北；我这个没文化的民工和您这位佛门大师虽然差距很大，但我们各自的佛性却是没有差异的。”

在这里，惠能通过话语重述，将“地域有差别”重述为“佛性无差别”，从“佛性”本源出发，不卑不亢地化解了“獦獠”困局。

所谓话语重述，就是将对方陈述的某个观点或某个词语，换一个维度进行解读，使这一词语或观点具有新的不同的意义，从而实现说明自己和反驳对方的目的。话语重述是一种语言重构的方式，往往会因出其不意而令人耳目一新，记忆深刻，创造出一种置之死地而后生的戏剧性效果，话语重述也是新闻发言的一个重要技巧，是在价值观之争中赢得主动的一种有效方法，更容易使自己所持的立场、态度和观点被接受和传播。

事实上，话语重述对我们每个人来说都不陌生，从小到大听过的故事中，话语重述的例子比比皆是。

比如，有一天，萧伯纳收到一个有钱的女人寄来的大红请帖：“我将在星期二下午4时至6时在舍下恭候。”萧伯纳退回原帖，并在上面写道：“萧伯纳先生在同日同时在家恭候。”再比如，有一位著名女舞蹈家给马克·吐温[①]写了一封热情洋溢的信，信中建议：如果让他俩结婚，那将对后代和优生学都是件好事。她着重指出："将来，生个孩子有你那样的智慧和我这样的外貌，该有多么美妙！"马克·吐温回信说："那个孩子如果只有我这样的外貌和你那样的智慧，就糟透了。"

面对"有钱的女人"和"女粉丝"的看似热情却很无理的要求，萧伯纳和马克·吐温不是直接拒绝，而是以话语重述的方式，幽默风趣地反向论证了对方观点的荒谬性，巧妙地拒绝了对方。

要做到话语重述，有两个难点，一是"找到话语"，即找到可以重述的关键词语，二是"重述话语"，要赋予这一"话语"新的说服人心的力量。既然是重述，就一定是在原来的表述基础之上的重述，因此，被重述的"话语"一定在提问者的"题干"中，一般来说，就是记者着重强调的某个词语。与找到"话语"相比，"重述"要更难一些，"重述"得好，一定是神来之笔，能够起到画龙点睛、出神入化的效果，但是，要在极短的时间内赋予某个"话语"新的意义，实在是太难了，看似脱口而出的"重述话语"，必定是建立在宽广的视野格局、深厚的知识积淀、严密的逻辑思维能力、全面的分析判断能力和敏锐的反应能力之上。

一般来说，做好话语重述，需要具备不同的思维方式。思维方式是人的各种思维要素及其综合，按一定的方法和程序表现出来的、相对稳定的定型化的思维样式，即认识的发动、运行和转换的内在机制与过程。每个人的生性不同，成长环境、教育背景、成长经历都有所不同，因此，不同个体的思维模式往往有很大的差异，一个人的思维模式一旦形成，基本就成为这个人特有的思维定式，但同时，一个人的思维方式又是可以通过后天培养的。对于新闻发言人来说，要努力培养自己的思维能力，在公共沟

① 这个故事的主角除了马克·吐温之外，还有萧伯纳，或者人们认为聪明的其他人，这也再次说明，在很大程度上，历史是一部观念史，而不是事实史，民间历史尤其如此。

通的过程中，运用不同的思维方式，达到更好的沟通效果。

包容性思维

所谓包容性思维，是指将一些看似互不关联，甚至互相矛盾的思想、观点、理论经过一定的加工改造，使之互相兼容、有机组合、融为一体的思维方法。

19世纪中叶美国爆发南北战争，南北战争打到后期，南方败局已定，林肯总统突然要与叛军谈判。林肯对政敌的友好态度曾引起了一位同僚的不满，这位将军大怒，拍着桌子叫："敌人一定要被消灭！"林肯十分温和地回应道："当他们变成我的朋友时，难道我不是在消灭敌人吗？"

在这里，林肯运用包容性思维，化干戈为玉帛，化对立为统一，体现了不可多得的领袖才能。

2015年3月31日，李克强总理接受了英国《金融时报》总编巴伯的专访，巴伯的设问充满了陷阱，他为"反腐"预设了两个前提，一是"反腐败"是一次"运动"；二是"反腐运动有一个结束的时间点"。

巴伯：中国政府已经开启了非常强有力的"反腐运动"，一些大老虎和苍蝇纷纷落马，这个运动结束了吗？

面对这样的问题，回答者稍不留意，就会掉入记者设置的重重机关中去，但是李克强总理很敏锐，一眼就识别出了其中的言外之意，他用与"运动"一字之差的"行动"，破解了记者问题中蕴含的微妙的政治意味，从而巧妙地跳出了记者预设的前提圈套。更加高明的是，他从更高的层面，即反腐败工作的长期性来谈反腐败问题，这样就把这项工作结束的时间点包含在了自己的回应之中，李克强总理的回应是这样的：

> 李克强：反对腐败对任何国家来说都是长期的任务，很难说什么时候开始什么时候结束。我们现在确实在加大反腐力度，同时也在加强制度建设，比如我们在推进简政放权，通过约束政府依法行政、担负应有的职责，激发市场活力，打掉寻租空间，铲除腐败，这是长期的斗争。如果要翻译成中文的话，这个词是“行动”，而不是“运动”。

可谓是滴水不漏。

新闻发言人运用包容性思维来回答记者的提问，不仅可以化解问题困境，还可以体现自身大气从容的沉稳风度，以及泱泱大国雍容大度的国家气质。因此我们说，包容性思维可谓是新闻发言人必备的一种思维方式。

发散思维

发散思维，又称辐射思维、放射思维、扩散思维，是指大脑在思维时呈现的一种扩散状态的思维模式，它表现为思维视野广阔，思维呈现出多维发散状。运用发散思维进行话语重述，是一种委婉闪避的手段，具有与众不同的诙谐幽默色彩。

王蒙在自传《一辈子的活法：王蒙的人生历练》中写到，改革开放初期，他去美国参加爱荷华大学的“国际写作计划”时，一个记者问：“请问王蒙先生，你现在与写《组织部来了个年轻人》时期，有哪些相同，有哪些不同的地方？”王蒙的回答是：相同点在于，那时我是王蒙，现在仍然是王蒙；不同点是，那时我二十二岁，现在，我四十六岁。

记者题干中的“50年代的王蒙”和“80年代的王蒙”是有指代意义的，指向两个不同的年代，如果按照记者的指代方向去作答，难度很大。如何评价和比较两个年代呢？这是一篇很长的论文，也是很难完成的任务。于是，王蒙先生顺水推舟，你不是问“王蒙”吗？那我就只当看不出你的指向性，实事求是地和你说这两个年代的“王蒙”有什么显而易见的同与不同好了，在装傻充愣的同时运用发散思维重述了记者所指的“相同”与“不同”，机智而幽默。

逆向思维

逆向思维也叫求异思维，它是对司空见惯的似乎已成定论的事物或观点反过来思考的一种思维方式，也是进行话语重述必须具备的一种思维方式。人们大多时候总是习惯于沿着事物发展的正方向去思考问题并寻求解决办法，事实上，“反其道而思之”，让思维向对立面的方向发展，反而可能会使问题变得更加简单。逆向思维的维度很多，可以方位逆向，可以缺点逆用，也可以属性逆向。

1. 方位逆向法

方位逆向就是双方完全交换，使对方处于己方原先位置的换位。它不仅仅是指物理空间，更是指一种对立抽象的本质。著名立体派绘画大师毕加索曾经有过一个通过方位逆向法进行话语重述的故事。1937年4月27

日，发生了人类历史上第一次空军大规模地对平民的大轰炸——格尔尼卡轰炸。格尔尼卡轰炸的起因是因为德国人支持佛朗哥的法西斯政府，但格尔尼卡这个城市更著名的原因是毕加索的同名画作。毕加索是左派社会主义者，当时参加了国际纵队，和海明威、聂鲁达一起，拿着枪冲上前线，为了共和而战斗，最后以失败告终。毕加索画了这幅《格尔尼卡》，画中到处是支离破碎的肢体。毕加索在西班牙被法西斯占领以后，流亡到法国，后来一生都没有再回到自己的祖国，就是为了表明自己对信仰的忠诚。在法国巴黎展出期间，一位德国军官指着这幅画说："这幅画是你的杰作吗？"他讽刺地答道："这是你们的杰作。"以此表达对德国人的愤慨。

从"你"到"你们"，毕加索对双方的方位进行了逆向置换，虽然只是一字之差，却凸显了历史的深刻意旨，异曲同工的语言表达，让人从内心深处感受到命运的悲怆与无奈。

2. 缺点逆用法

缺点逆用法是指不是以克服事物的缺点为目标，而是从反面考虑如何利用这些缺点，从而做到"变害为利"，化腐朽为神奇的一种思维方法。比如大发明家爱迪生在发明电灯时，先后试用过上千种材料做灯丝，都没有成功。面对他人的嘲笑，爱迪生这样说："我并没有失败，我只是发现7600种材料不适合作为灯丝罢了。"

克林顿竞选总统的时候，共和党候选人老布什抨击他说："我为国服过役，差点儿牺牲。你算什么？你是烧兵役证的逃兵，你是懦夫，你根本不爱这个国家，你凭什么来竞选美国总统？"我们一般的认知也是如此，服不服兵役，当然可以作为判断一个人是否爱一个国家的标准，而且是很重要的一条标准，因此，老布什的抨击非常有力道，看上去就要一拳打翻对手了，但结果却不是这样。克林顿这样回应对手的攻击："在1969年的那个特殊年代，焚烧兵役证就是爱这个国家，那时候当兵就是去越南屠杀，去做屠夫，是对这个国家的背叛，烧兵役证证明我爱这个国家。"

在这一案例中，克林顿运用逆向思维中的缺点逆用法，找到了"缺点即优点"的突破口，通过解释在特定年代"焚烧兵役证"的特殊意义，为自己当年的行为赋予了合理性和正当性，反驳了老布什所说的"焚烧兵役证"的负面意义，使对方眼中的缺点反过来"变害为利"，转换为同样为老布什所强调的正面意味，从而在这个环节的言语交锋中反败为胜，获得了主动。

3. 属性逆向法

事物的属性往往是多向位的，一件事情可以从不同的角度去理解，即使同一件事情从不同的角度观察，其性质也可以是多方面的，并且是相互转化的。通过属性逆向法，可以重述对方话语所具有的不同属性，起到反驳对方观点，坚持自己立场的作用。

东欧发生颜色革命之后，美国之音的"自由欧洲电台"结束了历史使命，但很耐人寻味的是，这个牌子在换了一个字之后又重新开张了，即"自由亚洲电台"。对此，有记者问钱其琛："你对美国设立的'自由亚洲电台'有何评论？"钱其琛回答说："所谓'自由亚洲电台'，就是自由干涉亚洲国家内政的电台，在亚洲不受欢迎。"

在这里，钱其琛通过属性逆向法，重新阐释了"自由亚洲电台"的意义，指出了这一电台的险恶用心，以他自己一贯的"轻声说重话"的风格化解了记者的尖锐问题，同时，也讲明了自己的立场原则。

先抑后扬

一个独立的、有个性的、不完美的存在，才是一个真实的存在。

说话的时候，先说什么，后说什么，效果迥然不同，最典型的例子就是曾国藩的“屡败屡战”。曾国藩当年率领湘军同太平军作战的时候，有一段时间很不顺利，连战连败。尤其是鄱阳湖口一役，更是惨败。他急得恨不得投湖自尽，给皇帝的奏折中写“臣屡战屡败……”他手下的一个幕僚看到后，建议他改为“臣屡败屡战……”结果，这么一调整，本来是向皇帝请罪的奏折，皇帝非但没有降罪，还大大地表扬了他。

不难看出，小小的语序调整，一下了就让“只有半杯水”变成了“还有半杯水”。那么，对于新闻发言人来说，哪些话应该先说，哪些话应该后说呢？我们通过一个案例来分析一下。

北京地铁恐怖袭击事件，是我们在近几年的省部班上经常用到的一个模拟演练情景。我们假定北京地铁在冬奥会前夕遭遇了一次沙林毒气袭击，造成了大量人员伤亡和大面积的城市瘫痪，以及大范围的社会恐慌，这个时候，政府如何在事发、事中和事后三个阶段处理好各个阶段面临的决策困境和公众沟通问题。这个演练时间相对较长，导学加演练加点评大约一天半，演练部分通常以我扮演的北京市电视台主持人对学员扮演的北京市市长的专访收尾。

在专访中，我会问到一个问题：

在这次北京地铁恐怖袭击事件发生后，很多人都担心，北京是不是还有能力来承办冬奥会？北京市政府对召开冬奥会还有信心吗？

面对这个问题，学员们都能够表现出举办的信心来，有的学员会激情昂扬、非常自信地说“这是对国际社会的承诺，我们有能力办一次精彩的安全的国际体育盛会”；还有的甚至会给出很具体的几项措施，用有力的事实来印证自己的观点。但问题在于，地铁恐怖袭击事件毕竟发生了，在回答问题时，对其视而不见，也不是最恰当的处理方式。那么，应该怎么回答呢？

每一次在点评的时候，我都要讲到“抑”和“扬”的关系，讲到“先抑后扬”，比如在2017年秋季的省部班上，我是这样点评的：

冬奥会是不是很安全的问题，关于这一点肯定要表达安全，但通常来说，我会建议大家在遇到此类问题的时候，一定要学会先抑后扬。当你拿到一个问题，一上来就扬上去了，总觉得没有问题，但是明明这么大的恐怖事件发生了，怎么能假装不存在呢？那应该怎么让大家相信未来可以安全？一定要认识到事件发生后大家的不安全心理，要体谅到大家可能有的恐慌和不信任。

因此，这个时候可以说，我确实能够理解大家现在的心理，发生了这样的事情，大家有这样的担忧也是很正常的，但是，事情既然已经发生了，我们就必须去面对。接下来就要谈，事件发生后我们是怎么处理的……未来我们还将要怎么处理……最后得出结论，举办冬奥会我们是有信心的，这样就顺了。所以，当我们要去扬的时候，要先有一个抑的过程，先抑后扬，调子打低一点，反而会收到意想不到的效果。

在这样的地铁恐怖袭击事件发生之后，作为属地政府的一把手，最后，必然要“扬”起来，营造美好愿景，给人“还有半杯水”的希望和期许。但是，如果一味地去“扬”，就很难让人相信你的“扬”，这个时候，先“抑”一下，再“扬”起来，效果就会好很多。

布朗的演讲“脆弱的力量”是 TED 最受欢迎的四大演讲之一，演讲的核心主旨是“脆弱，不是无能和无力的体现，相反，它预示着勇气与力量”。事实确实如此，一个独立的、有个性的、不完美的存在，才是一个真实的存在，正是这种“脆弱感”和对“脆弱感”的体悟，才是人与人之间能够形成真诚、友爱关系的核心要素，如布朗所提到的，今天，人与人的交往中存在着一条微妙的悖论：当我们不羞于在人前展现自己脆弱一面的时候，当我们敢于直面内心、诚实面对自己的时候，我们往往能够和他人建立起更为深沉的私人关系。

这一点，和心理学理论中的“心理坦露”很相似。“心理坦露”理论认为，我们评价关系亲密与否的一个方法是依据我们和对方分享了多少信息来决定的。有些人会引以为傲地宣称：“我们之间没有任何秘密。”自我坦露是质化人际关系的一部分，一般来说，陈述事实（“我是镇上新搬来的居民”）要比套用陈词滥调的坦露程度深；给出观点（“我真的很喜欢这里”）要比陈述事实的坦露程度深；而倾诉感受（“……但是，我有时感到些许孤独”）要比给出观点的程度更深。[①] 因此，在接受记者采访的时候，新闻发言人要善于倾诉自己的感受，善于恰当地展示自己的脆弱感，包括组织脆弱感。

需要注意的是，先“抑”后“扬”也是有技巧的，新闻发言人一定要掌握语序排列的技巧，知道自己应该先说什么，后说什么，力争让“只有半杯水”变成“还有半杯水”。

① 〔美〕罗纳德·B. 阿德勒、拉塞尔·F. 普罗科特著:《沟通的艺术——看入人里，看出人外》，黄素菲、李恩译，世界图书出版公司 2010 年版，第 93 页。

“法不责众”

新闻发言人不仅要努力提高自己的法律素养，也要有足够的同理心意识。

司法，不仅关乎纸面规则的落地，还关乎规则背后的价值诉求，更关乎人心所向，伦理人情。

在 PX 项目引发的群体聚集事件演练中，当问到“对组织散步的人会不会秋后算账”时，大部分学员的回答是：我们会依法处理。有学员这样说：按照《集会游行示威法》，我在这里提醒市民，一是游行示威一定要依法进行，非法集会是法律不允许的，要为此承担法律责任。二是未经许可的游行示威都是违法的，严禁通过互联网组织集会，非法游行示威，我们将依法进行解散、驱散。对于组织者以及借机闹事的人，我们将依法进行处置。

点评的时候，我会用归谬的方法问学员：按照我国的《集会游行示威法》，现在有 8000 人没有经过批准，在指定的时间和地点聚集，这算不算违法？大家会齐声回答：算。我再问：好，既然 8000 名群众都违法了，你说到要依法处理，那你打算怎么依法处理呢？是不是要建一个 8000 人的监狱把他们都关起来呢？这显然不现实。

是的，做出了依法处理的表态，但实际上你又做不到，因为就像一句老话所说："法不责众"。但既然做不到，你为什么要这样表态呢，这不是在降低法律的权威，损坏政府的形象吗？

"合情合理却不合法"，是近年来涉及土地征用、房屋拆迁、社会保险、劳资纠纷、司法维权等方面的"群体事件"时经常遇到的一个现实困境，也是当前"社会转型期"和"矛盾凸显期"必然遇到的问题和挑战。这个时候，作为握有公权力的强势一方，新闻发言人不仅要努力提高自己的法律素养，也要有足够的同理心意识，对群众维护切身利益的诉求，不能简单地将"依法依规"作为放之四海而皆准的表态套语，更不能以"你们的要求虽然合情合理却不合法"为"充分理由"，硬生生地把一切可能沟通、理解、妥协、了结的管道和回旋的余地给阻塞了，这样做的结果，只能是闹到一发不可收拾的地步，甚至走到法律的对立面。

那么，面对"法不责众"这样的沟通困境，应该怎么来回应呢？这个时候，同理心就十分重要了。通常，我会建议采用委婉作答的沟通技巧，通过讲感情来缓冲法律问题困境：对于大家上街的心情，我们是充分理解的。然后，可以把话题拉回项目本身，而不是在法律问题上继续纠缠。

刑满释放

《中华人民共和国监狱法》明确规定："刑满释放人员依法享有与其他公民平等的权利。"

某次，在演练PX项目新闻发布会时，扮演公安局局长的学员说：现场聚集人员比较复杂，有表达诉求的，有围观看热闹的，也有社会闲散人员，甚至还有违法犯罪前科人员……

"违法犯罪前科人员""刑满释放人员"的表述，至少说明两点，第一，发言人对监狱管理部门的工作不满意。因为既然是刑满释放人员，就应该是教育改造好之后才释放出来，而现在的表述中充满了对这个人群的歧视色彩和不满情绪，只能说明监狱管理部门的教育改造工作没做好。第二，这句话的背后，折射出了一种普遍的社会心理，那就是对"违法犯罪前科人员"这个群体的歧视。难道一个人犯一次错，就要永远将他钉在罪恶的耻辱柱上，打入罪人的另册吗？我们的社会，还是应该有足够的理性、善意和宽容才好。

《中华人民共和国监狱法》明确规定："刑满释放人员依法享有与其他

公民平等的权利。”但长期以来，刑满释放人员难以融入社会、不被社会接纳的困境一直存在，增加了这个人群重新犯罪的风险和危害性。

王尔德说，圣人也有过去。“前科”代表的是“过去”，并非必然溯及将来。雨果的笔下，冉阿让也有过手脚不干净的记录，但合上书页，令我们心潮澎湃的一定不会是他偷窃面包的情节。

无情政策有情解读

> 制度是刻板的，但人是灵活的；政策是无情的，但人是有心的。

政策是无情的，但新闻发言人可以对之做出有情解读，有情解读，更容易得到社会的理解支持；无情解读，则很容易引发负面情绪，甚至对立、不接受。

2006 年 3 月 27 日，教育部出台了一项新规——所有民办教师都要取得上岗证才能从业，教育部新闻发言人王旭明向全社会宣布，将在短期内“清退”代课教师——这项政策本身是社会进步的反映，但是，这毕竟意味着全国 44.8 万代课教师的命运将发生变化。因此，当王旭明以严厉的语气和冷淡的态度宣布清退民办教师的消息时，就会让人感觉缺乏人情味。当天晚上，白岩松在《中国周刊》节目中以“坚硬的政策”为题对此事进行了评论，他说，本周出现了两项冷冰冰的政策，一个是石油升价，没有跟社会广泛打招呼；还有一项就是教育部要清退代课教师。在白岩松看来，在过去数十年间，中国有过百万人次的民办教师，经年累月，以几十块钱的低收入，支撑着共和国教育所不能到达的深山老林，让一代又一代的孩子得到教育的惠泽。此时此刻，感谢他们都来不及呢，怎能一声“清退”，如此无情？当然，社会在不断进步，共和国越来越有能力，让更多更高水平的教师到偏远山区去，弥补教育上的欠账。但我们仍要感谢民办教师为中国教育做出的贡献和努力，与此同时，也拜托社会各界帮助今天的民办教师，去补课，去进修，争取让他们能够拥有上岗证。如果实在有困难，也希望他们的未来能得到合理安排。

白岩松的评论为王旭明注入了一剂“清醒剂”，他反思道，“我的表情过于冷淡和严肃，一板一眼，忽略了一种温情的东西。如果重回这次发布会，我会首先对那些中小学代课老师表示尊敬和感谢”。由此他进一步指出：新闻发言人不仅要正确传达政策，还要想着如何把政策传达得更具体、生动、形象、感人。

古语云：至念道臻，寂感真诚。制度是刻板的，但人是灵活的；政策是无情的，但人是有心的。如今，社会在不断前进，老百姓的权利意识越来越强，被尊重和自我实现的要求也越来越高，越来越需要沟通理解。党的十八届三中全会提出，全面深化改革的总目标就是要完善和发展中国特色社会主义制度、推进国家治理体系和治理能力现代化，在这样的时代背景下，对新闻发言人提出更高的“感情”要求，是必然的结果。

同理心

> 所谓同理心，就是指如同对方那样去感受对方的处境，就是换位思考、将心比心，就是感同身受、设身处地。

在校车事故的情景演练中，我一般会挑选一位女学员来开始演练，而且，通常会从这样一个问题开始：

我发现，遇难幼儿的家长都痛不欲生，不知道您怎么想？

记者采访新闻，一般是从获知基本事实的五个“W”开始的，为什么这里要从家长“痛不欲生”开始呢？事实上，这是在考验学员是否会讲感情。对此，有的学员会回答说：“作为一位出事县的常务副县长，我代表县委县政府向遇难幼儿表示哀悼，向家长表示慰问。”还有学员会说：“发生这样的事情，我感到很痛心。”

这些回答都算是不错的，但点评的时候我会问学员：在一个五个孩子被夺去生命的恶性事故中，当一位女副县长出现在记者面前时，你能想到的人类情感是什么？

是“母亲”，是“母爱”。

是的，在有人员伤亡尤其是死亡的恶性事故中，政府官员在面对媒体时，表达感情不仅是必要的，而且是必须的，如何表达呢？当你说“作为一位出事县的常务副县长，我代表县委县政府向遇难幼儿表示哀悼，向家长表示慰问”时，是不太会引起人们太大情感反应的，因为这就像是在公事公办；当你说“发生这样的事情，我感到很痛心”时，确实表达了感情，但感受还是不那么深刻；但是，如果你这样说：“我也是一位母亲，发生这样的事情，我感到很痛心”，就会激起人们的心理共鸣，产生强烈的情感体验。

今天的政府官员，一定要学会讲感情，而讲感情的关键，就在于有没有同理心。所谓同理心，就是指如同对方那样去感受对方的处境，就是换位思考、将心比心，就是感同身受、设身处地。怎么来理解同理心呢？还是用两个例子加以说明吧。

一次，我问某市公安局局长：

“作为公安局局长，你们经常会出现在各种事故现场，当看到现场的尸体时，你会不会感到害怕？”

“不怕啊！”这位局长回答说。

“怎么会呢？好可怕的，你怎么就不怕呢？”

“这就是我的工作，我必须把它做好。”

另一次，我问某应急办主任：

“作为应急办主任，你经常会出现在各种事故现场，当看到现场的尸体等时，你会不会感到害怕？”

“不怕啊！”这位主任回答说。

"怎么会呢？好可怕的，你怎么就不怕呢？"

"我自己是矿工出身，之后做了安全生产处处长，省安监局副局长，省政府副秘书长，确实经常会遇到各种安全生产事故，但每一次到现场去，我都会专门到事发现场看一看，和在事故中遇难的弟兄们告个别！"

同一个问题，不同的答案，你觉得哪一个更加动人心弦呢？

毋庸置疑，显而易见。职业态度本身很难得，但人非草本，孰能无情？与之相比，"和弟兄们告个别"，却具有催人泪下的力量，在情感交流中起到了加深理解，增进感情的效果。

一次堪称教科书的领导讲话

兵之所以能战者，气也。临战动员，恰似催征战鼓，鼓舞斗志，砥砺士气。

新冠肺炎疫情期间，各地医护人员驰援湖北，在众多的领导送行讲话中，有一位领导的机场送行即兴讲话被刷屏，被认为堪称教科书。

2020 年 1 月 27 日下午 6 时许，147 名医护人员组成的海南医疗队在海口美兰机场集结，赴湖北驰援。临行前，海南省委副书记、省长沈晓明做了简短的行前动员讲话，惹哭了现场的医护人员及不少网友。

沈晓明省长的开场白是这样的：

“在我的职业生涯当中，已经记不起我有多少次，在机场送医疗队员。我在上海当医院院长的时候，我在当医科大学校长的时候，我在当上海市副市长的时候，有送去国外的，有送去国内的，有送去抗埃博拉（疫情）的，有送去帮助救援地震海啸的，有送去汶川的。但是这一次有点不一样，不仅仅是因为我的身份变了，而且是因为这一次大家去完成任务的时间点不一样，大家要去完成的任务不一样。”

开场白有三个特点：一是从“我”说起，从自身的经历说起，这是讲故事必不可少的手法，起到了引人入胜、推动理解的良好作用。二是同中见异，从“送行”的普遍性讲到了这一次“送行”的特殊性，指出了“两个不一样：去完成任务的时间点不一样，要去完成的任务不一样”。三是运用了修辞的力量。“送行”的普遍性通过多次“送行”的时间和空间铺排叠次展开，最后话锋一转，直接点题，激发了人们听下去的欲望。

接下来，从开场白的铺垫进入主题，讲“第一个不一样”，沈晓明省长说：

“今天是大年初三，应该是万家团圆的日子，但是不仅仅是你们的家庭需要你们，不仅仅是海南需要你们，全国人民需要你们！因此，作为一名曾经的医务工作者，我认为，确实有这样的义务，要舍小家为大家。而事实上，我们舍小家为大家，并不是从今天开始的，我们一直都是如此。”

“第一个不一样”是“去完成任务的时间点不一样”——“万家团圆”之时。这个时间点与大家所面临的任务之间形成了冲突，即“团圆”与“离别”的冲突——“团圆”理所当然，“离别”在所不辞，怎么办？沈省长通过强调“白衣天使”与生俱来的使命感，通过为被牺牲的“团圆”赋予“舍小家为大家”的价值内涵，强化使命意识，激发精神力量，把每个人内在的责任意识都调动了起来，起到了很好的动员效果。

紧接着，沈晓明省长讲到了“第二个不一样”，他说：

"第二个不一样，是这次的任务，我们这样的任务是根据国家的安排，去协助湖北当地的医疗机构救助病人，但是现在疫情还在上升期，我不像送以前的队员一样，送去汶川，我知道他（们）大概一个月能回来；送到印尼去救助海啸的，我知道他们两个礼拜能回来，这次我很难预计你们要在武汉（湖北）待多少时间，但是我相信，你们一定能够不负使命，光荣地完成任务！"

"第二个不一样"是在疫情上升期去疫区救助病人。在这里，沈晓明省长没有回避什么，而是实事求是地讲明了这次任务所面临的前所未有的现实挑战和前景不明的严峻形势，营造出了一种"壮士一去不复返"的悲壮气息，让所有人明白了这次任务的重大意义，鼓起了直面未知的勇气，增加了砥砺前行的决心。

接下来，沈晓明省长代表省委省政府嘱托了大家三句话，这三句话，为他赢得了"省长爸爸"的亲切称呼：

第一句话：希望大家继续发扬救死扶伤的光荣传统，永远把病人放在医生、医护人员心目当中最重要的位置。我相信，你们一定能够做到！

第二句话：希望大家要记住，大家代表的是海南，代表的是海南人民，去了以后，大家要相互帮助、相互协助，尤其是根据我的经验，大家去了以后，你们可能会被分散在不同的岗位，甚至是不同的医院，大家要相互关心。

第三句话：希望大家要有自我保护的意识，因为我们面对的是传染病。医生是不能生病的，医生生病，比一个普通的病人生病，带来的危害要大得多。因此累了不要扛，累了的时候特别容易感染，累了就要说。你们如果感染了，可能会感染到更多的人，所以为了更多的人，你们自己也不能感染。

这三句话，既有工作上的嘱咐，更有亲人般的叮咛。工作上，既嘱咐要发挥救死扶伤的光荣传统，也嘱咐要代表海南人民，树立海南形象；生活上，既叮咛大家互相帮助，也叮咛大家要做好保护，平安归来。三句话娓娓道来、情真意切，网友众口一词评价沈省长“这是省长吗？分明是省长爸爸呀”。

最后，沈晓明省长将讲话拉回现场，他说：

我今天一看，所有的人当中，估计都是我学生辈儿的人。这个（讲话），是领导对你们的嘱托，也是老师对你们的嘱托！谢谢大家！

首尾呼应，又回到了“我”并由此建构了人物关系，长辈与晚辈，老师与学生，领导与下属，从而使前方和后方的人物命运紧紧交织在一起，营造出了命运相连、同舟共济的情感氛围。

兵之所以能战者，气也。临战动员，恰似催征战鼓，鼓舞斗志，砥砺士气。沈晓明省长的动员讲话与其说是演讲技艺高超，不如说是最长情的告白。唯其如此，才能以“教科书级别”被广为赞誉。

主观与客观

“研究”二字，将一个客观的信息统计核实发布过程变成了一个值得玩味的“人为加工”的主观行为，很容易就会被舆论解读出谎报、瞒报、漏报等潜在信息。

在回答记者提问的时候，在应该客观陈述的时候做出了主观判断，在应该价值判断的时候还在陈述事实，这两种做法，都可能会引起不良的舆论后果。

先来看客观中带入主观。

在北京大雨的情景演练中，我通常会问一个问题——

现在网上有很多传言，说很多地方都在淹死人，但是政府并不知道或者还没公开，请问这方面的情况是怎样的？

学员回答说：这次大雨灾害出现的非常突然，按照应急预案，相关工作人员正在现场抢险救灾，各区县正在以最快的速度将信息报上来，我们汇总之后，经过研究，会及时向社会发布消息。

我追问：发布的消息是经过研究后的消息吗？

回答：是的。

在这个对话过程中，记者提出的是一个纯客观的问题——伤亡情况如何？但发言人在回应的时候说：“我们汇总之后，经过研究，会及时向社会发布消息。”“研究”二字，将一个客观的信息统计核实发布过程变成了一个值得玩味的“人为加工”的主观行为，很容易就会被舆论解读出谎报、瞒报、漏报等潜在信息，导致出现本不应该有的猜疑和批判。

在科层制的管理架构中，信息上报必定要在科层的每一级有所停留，这就意味着突发事件信息上报需要一个绝对的时间量，在《国家突发公共事件总体应急预案》中，关于信息报告的规定是“特别重大或者重大突发公共事件发生后，各地区、各部门要立即报告，最迟不得超过 4 小时”，但在北京大雨的情景中，记者打电话询问的时间距离事件发生还不到 4 小时，这时，新闻发言人面临着公众对信息的迫切需求与自己手头并不占有信息之间的矛盾，应该如何回应呢？

这个时候，新闻发言人不必一定要给出一个具体的伤亡数字，事实上，伤亡数字也不应该通过电话采访的渠道来进行发布。在这里，新闻发言人应该给出的，是政府关于信息发布的基本态度：

> 关于这次大雨的伤亡情况，我们正在紧张的统计核实之中，结果出来之后，会通过两微一端及时向社会发布，请关注我们的微博微信客户端。

接下来，我会进一步提问——

公众很难理解的是，为什么一场大雨就让北京瘫痪成这样，作为首善之都，公共设施为何如此脆弱不堪？

学员回答说：关于这次大雨的原因，有待全面处置结束之后再进行探讨，我们会本着对人民群众负责的态度，对规划建设管理进行反思，进一步改进规划建设管理工作。

我追问：这是不是说北京的规划建设管理工作中存在问题呢？

学员回答说：这次的大雨灾害非常突然，但城市规划水平也还不是很高，主要是自然条件的变化，工作中也有反思。

我开始收口：那也就是说，这次大雨是一次天灾，但也不排除人祸的因素，对吧？

至此，君已入瓮，很难扭转被动局面了。问题出在了哪里呢？就是把主观判断带入到了客观陈述中。也就是说，在陈述客观事实“原因正在调查中”的时候，做出了主观判断“改进”，从而引出了“人祸”的事件定性。之所以不能做出“人祸”定性，原因有三：第一，事件的定性不是某个官员自己可以做出的，必须经过调查组调查才能最终得出结论；第二，舆论对“天灾”和“人祸”的态度有天壤之别，天灾属“不可抗力”，舆论质疑相对较少，政府救援正能量往往是主流声音，“人祸”则属“人为因素”，本来可控却失控是“不能原谅”的，舆论的声讨会此起彼伏；第三，在自然灾害重表彰，事故灾难重问责的现实情境下，“人祸”的草率定性背后，其实是官员实实在在的命运。因此，无论如何，都不应该将主观判断带入到客观陈述中去。

再来看主观中带入客观。

同样在北京大雨情景的演练中，我还会问一个问题——

究竟什么时候下个雨就不再死人啊？

学员回答说：我们会在总结评估反思后，进一步加强城市规划建设管理工作等等。

问题中出现了“死人”的说法，新闻发言人不能无视这个信息，应该马上表达对于遇难者的哀悼和不愿意看到事情发生的主观态度，但很多官员在这个时候都会直奔主题中的客观事实，而忽略了情感表达，这就会让人得出“冷血”的结论。事实上，这样的结论可能并不公平，但舆论一旦形成，就很难再去解释和澄清。

再如，在校车事故的演练中，我问——

在这起事故中，5个孩子失去了生命，我很想知道，是不是政府相关部门有疏于管理的问题？

回答这个问题的时候，有学员会说“事故发生后，我们成立了调查组，事故原因正在调查中”。这样的回答也不能说不对，但总觉得缺点什么，缺什么呢？说到底，就是勇于担当的责任心。在该情景中，无论是私立幼儿园的黑车，还是黑车的超速超载，都已经明白无误地说明，教育、交通等相关部门在管理中是有失误的。在这样一个显而易见的责任事故中，只说“正在调查中”就有避重就轻、不愿意承担责任之嫌，因此，与其用客观的“正在调查中”来搪塞问题，不如直面问题，表明主观态度：

我刚从事故现场回来，在现场我看到，这是一辆私立幼儿园的黑车超速超载酿成的恶性交通事故。在这起事故中，相关管理部门一定是负有责任的，我们已经成立了调查组，正在展开调查，不管涉及谁，不管涉及哪一个部门，都一定会严肃查处。

因此我们说，在接受记者采访的时候，新闻发言人所表达的内容，无外乎两种——客观事实和主观判断，发言人一定要注意把握二者的分别，该陈述事实的时候不能带入主观判断，该表达主观情感态度的时候也不能只顾陈述事实，只有在主客观之间游刃有余地实现切换，才能更好地完成一次采访。

数字会说话

在接受记者采访的过程中，新闻发言人一定要善于巧妙地利用数字，让“死”的数字“活”起来。

数字是会说话的，而且能讲出一个完整的意味深长的故事，“70码”就是一个典型的案例。

2009年5月7日晚八时许，杭州青年男子胡某驾驶浙A608Z0号三菱牌EVO跑车，在文二西路由东向西行驶至南都德迦西区门口时，撞飞正在从斑马线过马路的男青年谭某，致谭某当场死亡。

8日下午，杭州市公安局在案发后召开新闻发布会。发布会上，有记者问：车速是多少？当时的回答是：60—70码。

一句话激起千层浪，互联网上一片波澜，为什么一个“70码”能够产生这么大的影响？就是因为数字在说话。

有目击群众称，事故发生时死者被撞飞5米多高，撞离斑马线有20米距离，目击者称当时车速至少在120—150公里每小时，但官方却认定为“每小时70码左右”。

据悉，事发地文二西路的限速为 50 公里 / 小时，根据《中华人民共和国道路交通安全法》第四十二条、第九十九条、第一百零一条规定，超速 50% 以上为严重违法行为，如果造成事故并承担主要以上责任，根据刑法第一百三十三条可以进行追刑。也就是说，在限速 50 码的地方超速行驶，70 码是一个责任分界线——虽然撞死人，但不到 75 码，就不算犯罪，顶多就是交通肇事；到了 75 码，就达到超速 50% 的标准，责任就是犯罪了。

于是，一句 70 码，使人们开始质疑政府部门的办案能力，质疑政府是否公正公平，质疑富人阶层的“摆平”手段，等等，从而把对富二代的愤怒转而发泄给了政府。

由此可见，看起来枯燥无味的数字，其力量是多么的非凡!

恰当地运用数字，“用数字说话”，也能让沟通内容更准确，更有说服力，让沟通对象更直观地了解所沟通的内容，更加信服你所说的道理。

有一次，我给四川省德阳市新闻发言人培训班上课，在 PX 项目新闻发布会的演练中，扮演分管经济副市长的学员在回答记者提问时这么说:

PX 项目上马之后，对我市今后的发展有深远影响，受益的是 50 万人民，下面我就从发展经济的角度谈谈为什么我们要上这个项目，主要讲三个数字。一是 58。我市在西部曾经是比较发达的县级市，但现在人均 GDP 只占全国平均水平的 60%，全省平均水平的 80%，在全省的排名曾经在前十名，现在是第 58 名。从前十到 58，与没有重大项目息息相关，因此，PX 项目上马是一件大好事。二是 5 万。经过前期评估，预计项目上马之后能够解决 5 万人的就业问题，至少 3 万人在本地招工，曾经困扰我们的就业难问题将得到很好的解决。其中，将吸引在沿海打工的两万人回来就业，这就意味着，将有两万个家庭可以团圆，有两万个以上的留守儿童可以和爸爸妈妈生活在一起。三是100亿。这个项目总产值是800亿，净产值是100亿，将使我市的经济总量增长10%以上，每个市民的平均收入将从3万多增长到5万以上，给地方财政带来15亿的收入。目前的上学难、就业难、交通基础设施建设、自来水建设等问题，在项目上马后都可以得到很好解决。

这段发言让我发自内心为之赞叹，这位副市长用三个数字，58、5万、100亿，清晰地将项目上马的必要性、紧迫性以及是一个民生工程的本质讲清楚了，尤其是“将有两万个家庭可以团圆，有两万个以上的留守儿童可以和爸爸妈妈生活在一起”，更是让数字呈现了人物命运，激起了听众的强烈共鸣，具有很强的感染力。在这里，“用数字说话”已经是一种表达的艺术了。

因此，在接受记者采访的过程中，新闻发言人一定要善于巧妙地利用数字，让“死”的数字“活”起来。

去标签化

"泛标签化"非白即黑、非此即彼的简单逻辑，很容易让人陷入一叶障目、以偏概全的思维误区，形成偏见，带来误解，本质上，这是一种道德伤害。

"标签化"是一种思维方式，即用抽象、概括性的语言去描述某类人群或某种事物。在社会生活中，喜欢给人和事贴"标签"，本来是一种常见的心理习惯和思维方式。我们从出生之日起，身上就背负着各种身份标签，如性别、籍贯、民族等。对事物进行标签化的归类，原本也是我们对事物进行初级认知的一种简便形式。[①] 但是，互联网时代出现了"泛标签化"思维的特点，比如，"官二代""富二代""宝马女""教授""中国式城管""广场舞大妈"等，"标签化"越来越成为人们评价事物、分析问题的固定思维模式。

"泛标签化"是不理性的，其非白即黑、非此即彼的简单逻辑，很容

① 长余:《标签化伤害了谁》，人民网，2016 年 4 月 5 日。

易让人陷入一叶障目、以偏概全的思维误区，形成偏见，带来误解，从而对被“标签化”对象造成污名化，既不客观，也不公平，本质上，这是一种道德伤害。

讲好中国故事，一个重要的能力就是要去“标签化”，因为在国际传播、跨文化传播的语境中，“标签化”的刻板印象也是普遍存在的。比如，中国企业走出去就被国际舆论贴上了“输出落后产能”的标签。如何才能消除误解，正本清源呢？在“讲好中国故事　提升国际传播能力研讨班”上，我们把这一问题提了出来——

有人认为，中国的“一带一路”，有一个重要的目标是要将落后产能转移出去，请问您对此如何评价？

此时，作为新闻发言人，要能够看清问题本身携带的“标签化”特点，有理有据地反驳这一观点，把“输出落后产能”的标签从“一带一路”身上撕下来：

有人说中国的“一带一路”是将落后产能转移出去，这是毫无根据的，如今即使在经济最落后的一些非洲地区，也是欧美、日本这样的发达国家在投资，不拿出优质的资金和先进的技术，是没有资格参与竞争的。事实上，中国企业在走出去过程中，对外输出的设备标准采用的都是国际标准，选择的也都是最优秀的厂家和产品。因此，中国的“一带一路”不是要转移剩余产能，而是把创新成果向世界分享。

再如，“APEC 蓝”“两会蓝”是被贴在雾霾上的标签，在一次厅局级官员的培训班上，我用这两个“标签”与学员进行了互动——

记者：什么时候能够治理好雾霾，可否告诉我一个具体的时间表？

学员：这个时间是可变量，有很多因素组成的。比如，政府的、民间的、我们治理的决心、治理的措施、科技进步的程度，都会影响治霾的进步。我不是神仙，又不是预言家。我希望这个时间来得很早，但我不能告诉你哪一天。

记者：其实我觉得有一个因素就够了，比如“APEC 蓝”“两会蓝”。

学员：你不要拿政府来开玩笑。治理雾霾靠风、靠活动，这个我不同意。

记者：事实上确实蓝了。

学员：雾霾也不是天天有，刚好碰上好天气，不是好事吗？

记者：你是说刚好碰上的。

该学员的回应中，有两个大的问题，一是说出了一些可能会成为“雷人雷语”的说法，比如“我不是神仙，又不是预言家”“我不能告诉你哪一天”“你不要拿政府来开玩笑”“刚好碰上好天气”；二是没有很好地解读“APEC 蓝”这个词，回应该词所携带的讽刺批评政府管理中的非常规手段、强制性措施等政治意味。

面对“APEC 蓝”“两会蓝”这些热点敏感政治问题，与其要求记者“不要拿政府来开玩笑”，说出“刚好碰上好天气”这样信口开河、没有任何科学依据的结论，不如诚恳地去直面问题，从本质上说清楚“APEC 蓝”“两会蓝”之来之不易及其正面意义等，剥离其中的“非常规手段、强制性措施”等政治意味标签。可以这样说：

> 说到“APEC 蓝”，应该说，这次 APEC 会议就像是一次大考，华北六省区市共同采取措施，通过停工、减排、限行等具体手段，确保了 11 月 1 日至 12 日，北京空气质量优良 11 天，仅一天轻度污染。“APEC 蓝”应急保障措施效果显著，为将来持续治理大气污染提供了有益探索。治污任重道远，这些经验不仅是对华北地区，对全国的“空气保卫战”也是一笔宝贵财富。
>
> 这也告诉我们，雾霾并非一个无法克服的问题，只要有壮士断腕的决心、科学合理的规划、同心协力的行动，是可以做到国家主席习近平在APEC欢迎晚宴致辞中所讲到的：“我希望并相信，通过不懈努力，‘APEC 蓝’能保持下去。”

事实上，就像硬币一样，任何事物都有两面性，面对片面的、刻板的“贴标签”现象，要能够辩证地看待事物，从事物的整体出发去把握事物发展的规律，讲清事物发展的本质，在此基础上，阐释事物的另一面，展示事物的多样化，自然能够让公众更加完整地看清事物的整体面貌，从而起到“去标签化”的效果。

小题大做

有的时候，记者会问到一些具体问题或细节，这时，在能够提供的信息有限的情况下，可以具体问题直达本质，从原则和立场的角度进行作答。

针对记者提出的一些较为具体但又不好回答的问题，政府新闻发言人可以小题大做，放大自己的思维空间，扩展问题的外围，通过“借题发挥”或者将小问题上升到大原则的方式来进行作答。

“借题发挥”

借题发挥是一种以我为主的“答记者问”方式，指的是新闻发言人可以借着记者提出的某个问题来做文章，以表达自己真正的意见或主张。

1986年9月2日，邓小平接受了美国哥伦比亚广播公司《60分钟》节目记者迈克·华莱士的电视采访，当时，华莱士提出了这样一个问题：

“邓主任，刚才谈到‘文化大革命’，在那时候您和您的家人遭遇如何？”

对此，邓小平没有拘泥于华莱士所问到的自己以及家人的遭遇，而是将话题引申到了“文化大革命”这件事上，通过借题发挥避开了个人遭遇话题，他是这样回答的：

> “那件事，看起来是坏事，但归根到底也是好事，促使人们思考，促使人们认识我们的弊端在哪里。毛主席经常讲坏事转化为好事。善于总结‘文化大革命’的经验，提出一些改革措施，从政治上、经济上改变我们的面貌，这样坏事就变成了好事。为什么我们能在七十年代末和八十年代提出了现行的一系列政策，就是总结了‘文化大革命’的经验和教训。”

“小问题上升到大原则”

有的时候，记者会问到一些具体问题或细节，这个时候，在能够提供的信息有限的情况下，可以具体问题直达本质，从原则和立场的角度进行作答。这也是外交场合经常运用的一种方式，常常被称作外交辞令。在2007年3月2日举行的国台办新闻发布会上，台湾中天电视台记者问：

> “目前台湾当局的行政领导已经换了新人，现在由苏贞昌来担任‘行政首长’，我们也观察到他的副手是蔡英文，您怎么观察今年的两岸关系？由蔡英文主导未来两岸的经贸事务，不晓得您有何看法？”

对此，国台办新闻发言人李维一就采用了原则回答的策略进行作答：

“我想进一步密切两岸的经贸关系，扩大两岸人员往来，促进两岸关系向着和平、稳定的方向发展，这是一个日益明显的两岸同胞的普遍的愿望，在这样一个现实愿望面前，我们希望台湾当局识时务、顺民意，促进两岸同胞往来，增进两岸交流与合作，缓和和发展两岸关系，而不应采取与广大台湾同胞愿望和利益背道而驰的做法。”

在这里，李维一通过阐释“促进两岸同胞往来，增进两岸交流与合作”的两岸关系原则，对具体的“蔡英文”问题进行了回应。

与外交相比，政府新闻发言人面对的都是内政问题，是与老百姓息息相关的民生问题，显然不能用外交辞令，但是，在面对一些切口较小的具体问题时，表达对某个问题或事件的基本立场和原则，既是官员必须作出的表态，也是一种化解回答困境的技巧和方法。

小题大做，需要发言人具有开阔的思维和丰富的联想，善于引申开拓，进行由此及彼的联想——从露珠见清新，从寒星见宁静，从浪花见浩渺——尽可能开发记者所提问题中的“材源”，将记者所提的问题切入重大严肃的主题或者抽象宏观的原则。当然，小题大做应有个限度，不能任意拔高和扩大。

大题小做

要从本质上把握事物之间的内在联系，审度小处，着眼大处，虽然口中处处是“小”，心中却时时是“大”。

有时候，记者的提问可能是一个原则性的问题，或者一个问题包含几层意思，这个时候，发言人可以通过大题小做，缩小回答空间，聚拢问题指向的方法来把回答的重点放在自己着重希望表达的立场与观点上。

有时候，记者会从整体上提出一些涵盖面很大的问题，发言人很难对等地从整体角度把这个问题说清楚，此时，为避免回答空泛，可以宏大问题小处着眼，采用举例说明若干个案事实的方式来证明或体现整体的作用，达到解疑释惑的目的。

比如，在纽约国际笔会第48届年会上，中国作家陆文夫演讲后，有记者问道：“陆先生，请问您对性文学怎么看？中国人怎么看西方人的性解放？”陆文夫轻松自如地说：“西方朋友接受一盒礼品时，往往当着别人的面就打开来看。而中国人恰恰相反，一般都要等客人离开后才打开盒子。

这就是东西方文化的差异。”在这里，陆文夫将很难一时展开说清楚的性文学和性解放这样的话题，聚焦在了送礼物这样一个具体的礼仪习惯和行为方式上，以小见大，展示出了高超的应变能力和深厚的语言功底，赢得了听众热烈的掌声。

1920年，苏联著名教育家加里宁在一次会议上作报告。当时，有些农民对工农联盟的重要性不甚理解，向加里宁提了这样一个问题：“什么对于苏维埃政权来说更珍贵，是工人，还是农民？”对此，加里宁提高嗓音反问道：“对一个人来说什么更珍贵，是左脚还是右脚？”农民听了以后欢呼起来，掌声经久不息。

再如，作家谌容1986年应邀访美，在一所大学演讲时，一个美国人向她提出了这样一个问题：“听说您至今还不是一个共产党员，那么，您对中国共产党的私人感情如何？”谌容不假思索地回答：“我确实还不是中国共产党员，但我的丈夫是个老共产党员，而我同他共同生活了几十年，至今尚未有离婚的迹象。可见，我同中国共产党的感情有多深！”在这里，谌容模糊了“中国共产党”和“共产党员”两个概念，将与中国共产党的感情转化为了与自己爱人的感情，巧妙地回避掉了对方尖锐的提问。

当然，也并不是随意举一个例子就可以以小见大，这需要新闻发言人的深入开掘，即要从本质上把握住事物之间的内在联系，审度小处，着眼大处，虽然口中处处是“小”，心中却时时是“大”。

2016年3月2日，在全国政协十二届四次会议新闻发布会上，有记者问道：

去年年底中央召开扶贫开发工作会议提出精准扶贫、精准脱贫，我们注意到一些地区尤其是少数民族地区他们的经济社会发展严重滞后于其他地区，对于这些地区的脱贫全国政协能够发挥哪些作用？

全国政协与少数民族地区脱贫，是一个很大的话题，如何作答？全国政协新闻发言人王国庆就运用了大题小做的方式：

确实有些民族地区的经济社会发展相对滞后，是实现全面建成小康社会“短板”当中的“短板”。习近平总书记曾经强调，全面实现小康，决不能让一个少数民族、一个地区掉队。全国政协对加快民族地区的发展高度重视，委员中有这样一句话：对民族贫困地区要“高看一眼、要厚爱一分”。

说到这儿我又要讲故事。不知道各位是否听说过“包虫病”？这是一种在我国部分高寒、干旱、少雨农牧区比较常见的人畜共患的寄生虫病，因为患病感染率、致死率都比较高，所以被称作为“虫癌”。这种病也成为制约地区经济发展的重要公共卫生问题。有一些家庭因为有人患了这种病而致贫、返贫。去年全国政协就包虫病防治组织委员到青海、四川、新疆、宁夏四个省区进行调研。委员们深入到牧区，和牧民同吃同饮，到家里、到医院看望病人，当地的干部群众都十分感动。因为有这种深入的调研，所以他们能摸到实实在在的情况。调研回来以后提出的意见建议为有关部门高度重视，国家卫计委、科技部已将包虫病防治列入国家重大计划，并启动包虫病综合防治试点工作。这说明，人民政协在推动精准扶贫、精准脱贫方面大有可为。今年全国政协将组织好“实施精准扶贫、精准脱贫，提高扶贫实效”专题议政性常委会，重点就推进精准扶贫决策的贯彻落实、武陵山片区精准扶贫、加强草原生态系统保护和修复、民族地区绿色发展等问题开展调研，为破解“瓶颈”，补齐短板，献计出力。谢谢。

在这里，王国庆通过一个专题问题“包虫病”，讲清楚了政协委员们在脱贫攻坚战中的行动及成效，说明白了政协委员们的参政议政积极性，也强调了政协工作在脱贫攻坚战中所发挥的重要作用，以点代面，大题小做，很好地回答了记者的问题。

避实就虚

避实就虚，是为了不伤害面子而采取的一种语言策略，在维系各方政治利益和政治关系的政治外交中发挥着积极的作用。

“政治家们通过模糊和闪避的语言手段来达到目的。”避实就虚，是为了不伤害面子而采取的一种语言策略，在维系各方政治利益和政治关系的政治外交中发挥着积极的作用，也是政府新闻发言人最常用的话语策略。

有些问题，新闻发言人可以观点鲜明、有理有据地维护自己的立场。比如，有记者问秦刚：“台湾‘总统’马英九称其改善与大陆关系政策的一部分，就是他希望中国不要挖台湾的‘邦交国’。请问中国政府怎么看待这个提议？”秦刚回答说：“首先纠正你的问题中不准确的地方。世界上只有一个中国，在两岸关系问题上，请你注意有关的称谓。”

再如，有记者问章启月：“英国一位熟悉中东事务的记者报道称，本·拉登有可能正在中巴（巴基斯坦）边境中国一侧。你对此有何评论？如果本·拉登果真在中国，中方将如何处理？”章启月回答说：“我没有看到你所提到的报道，更不知道这样的报道有什么根据。我认为他写出这样的报道是不负责任的。我可以明确地说，本·拉登不在中国。”

但有的时候，记者提出的问题十分棘手，有可能决策者对该问题还没有明确的态度或解释，新闻发言人不能贸然发言，还有可能新闻发言人在准备口径的时候没有覆盖到该问题，回答起来难度较大。这个时候不妨避实就虚，在问题的“交界处”，在模糊地区做文章。

“9·11”之后，面对大规模杀伤性武器问题，拉姆斯菲尔德就以闻名于世的“知道不知道”避实而就虚：

> 就我们所知，有些事情是已知的已知，我们知道自己知道。我们也知道，有些事情是已知的未知，也就是说，我们知道我们其实并不知道。但也有一些事情是未知的未知，这些事，我们并不知道自己不知道。

BBC反复播放拉姆斯菲尔德的这段话后，很多人得到一个结论：觉得他在说什么，但不知道是否真知道他在说什么。

在2006年春节后外交部举行的第一次记者招待会上，有记者问：关于国际原子能机构对伊朗核问题的决议，五个国家投了弃权票。中国最后投了赞成票而非弃权票，背后有什么考虑？外交部发言人孔泉答：我们在背后和在前方的考虑是一样的，没有什么秘不可宣之处。

除此以外，“事以密成，语以泄败”，对新闻发言人来说，对于一些关系他人或组织秘密的事，切忌不可泄露，这是新闻发言的基本底线。因此，在面对涉密的问题或一些不宜直言的问题时，也要学会“避实就虚”，用含蓄委婉的方式进行表达。

在新中国外交史上，陈毅外长是一位非常善于运用“避实就虚法”来回答记者提问的外交家。1965 年 9 月 29 日，在国务院副总理兼外交部部长陈毅的记者招待会上，有日本记者在提及中国发展核武器情况时问道："听说中国要爆炸第三颗原子弹，你能告诉我具体时间吗？"陈毅回答说："中国爆炸了两颗原子弹，这是你我都知道的事。第三颗原子弹可能也要爆炸，至于何时爆炸，请你等着看公报好了。"原子弹何时爆炸，是中国的军事秘密。记者提出这个问题，其意在于给陈毅外长出难题，一旦回答不好就会陷入尴尬境地。但陈毅避实就虚，巧妙地转移了记者和观众对该问题的关注，既没有提供信息，又不让记者难堪。

细节是故事的关键

有画面感、可以想象、可以代入的细节，能够唤起人们的共同记忆和心理共鸣，与聆听者建立起情感共知和关系认同。

爱在细微处，情在动人处，没有一种抽象概念，比细节更有说服力，再多的叙事技巧，也不能比真情实感更能打动人心。

一位学员以这样的方式开始回答雾霾问题，他说：“你谈到雾霾问题，我想起今天早上，儿子出门上学时，我递给了他一个口罩……”群众对雾霾是有怨气的，记者采访官员的时候会把这种怨气带到被采访对象这里，但一位父亲，一位负责环保工作的管理者，在面对雾霾时，也只能递给儿子一个口罩，难道他不愿意让儿子远离雾霾吗？当他递给儿子口罩的时候，他是不是那个最想治理好雾霾的人呢？但是，他也只能无奈地递给儿子一个口罩，因为雾霾的治理，不是靠想象和愿力就可以实现的事情。而就在这一句话中，就是这样一个生活的小细节，就把雾霾的危害性、雾霾治理的迫切性、长期性以及共治共享的大道理全部表达了出来，胜过万语千言，不由令人击节称赏。

莫言获诺贝尔奖后，他在获奖感言中讲道，作家的创作过程各有特色，我每本书的构思与灵感触发也都不尽相同。有的小说起源于梦境，譬如《透明的红萝卜》，有的小说则发端于现实生活中发生的事件——譬如《天堂蒜薹之歌》。但无论是起源于梦境还是发端于现实，最后都必须和个人的经验相结合，才有可能变成一部具有鲜明个性的，用无数生动细节塑造出了典型人物的，语言丰富多彩、结构匠心独运的文学作品。

细节是故事的关键，讲故事一定要善于捕捉细节，充分利用感官信息效应来描述细节，让受众身临其境，加深理解。习近平总书记是一位善于讲故事的政治家，党的十八大之后，他第一次出京考察，就选择了改革开放的先行之地广东。在这次考察中，他讲述了自己出国访问时的所见所闻：

> 我 1979 年出访瑞典，在一个广场上遇见一个马来西亚华人，他用很生涩的汉语问，你是中国人吗？我说是，他很激动，说终于看到华人了，在瑞典见到华人很不容易。现在，全世界到处都是中国人，上次在比利时首都布鲁塞尔，我从市政府大楼朝外面一看，半个广场都是中国人。如果没有邓小平同志指导我们党作出改革开放的历史性决策，我们国家要取得今天的发展成就是不可想象的。

在这里，习近平总书记以一个细节的对比，打开了一扇视窗，让中国发展对世界的影响清晰可见。从改革开放之初国外鲜见中国人，到改革开放 30 多年后布鲁塞尔“半个广场都是中国人”，中国发展的宏大叙事，还原为这些生动的细节，更能触动人心。[①]

理论是灰色的，而故事色彩斑斓，谁会讲故事谁就拥有话语权。有画面感、可以想象、可以代入的细节，能够唤起人们的共同记忆和心理共鸣，与聆听者建立起情感共知和关系认同。

① 《习近平讲故事》，人民出版社 2017 年版，第 175—176 页。

打比方

将“航母”比作“宅男”，巧妙地化解了问题中关于扩张的困境，又以委婉的方式说明了“远航”的必然，可谓神来之笔。

巧喻善比，往往能够将逻辑性与形象性巧妙地结合在一起，使事物具体可感，引发人的联想和想象，使抽象的道理具体化、枯燥的概念形象化、深奥的哲理浅显化，给人以鲜明深刻的印象。

元代大政治家耶律楚材归顺成吉思汗后，想在以武力取天下的军事贵族中，取得充分的信任和巩固的地位，是很不容易的。有个名叫常八斤的人，以擅长造弓受到成吉思汗的重用，因而非常骄矜。有一次，他竟然当着耶律楚材的面对成吉思汗说：“现在正是用武的时候，耶律楚材是个儒生，对打仗的事一窍不通，有什么用处？”耶律楚材听了并不生气，从容答道：“治弓尚且须用治弓匠，难道治天下就不须用治天下匠吗？”

通过将“治天下”比作“治弓”，将“治天下匠”比作“治弓匠”，耶律楚材将很难一言以蔽之的治国理政通俗化、形象化、浅显化，使成吉思汗对耶律楚材更加信任重用了。

在 2013 年 4 月的国防部例行记者会上，有外媒记者提出一个与辽宁号航母出海训练相关的问题，询问中国是否欲借此扩展海上军力。对此，国防部原新闻发言人杨宇军打了个有趣的比方，“航母不是宅男，不会老是待在港口里，今后肯定是要去远航的。”将“航母”比作“宅男”，巧妙地化解了问题中关于扩张的困境，又以委婉的方式说明了“远航”的必然，可谓是神来之笔。

1999 年 7 月 15 日，赵启正在驳斥美国“误炸”中国驻南斯拉夫使馆时，运用概率论，使美方的托词不攻自破。美方皮克林先生解释说，美军误用了 3 张地图，都是旧地图，正确的一张也没有用……据我所知，确定轰炸目标应用遥感地图。除了使用旧地图以外，还有一系列的因素导致这次中国使馆被炸。赵启正回答说：“发生错误的概率是偶然的。比如掷‘骰子’，六面之中出现某一面的概率是 1/6。用 3 张旧地图就是 3 个‘骰子’同时出现一个面，这种概率是 1/216。再加上其他十几个错误，就是十几个‘骰子’同时出现了同一面。”话到此处，赵启正一语中的地指出：“概率论告诉我们，这种概率几乎是零。”此番驳斥言之凿凿、铿锵有力，维护了国家权益，赢得了世界舆论的广泛认同与支持。

在 2017 年全国两会记者招待会上，李克强总理在说到经济发展速度的时候，有记者问“有人说我们现在的经济放缓了放慢了，对国内经济发展带来一定压力”。回答这个问题的时候，李克强总理讲了一个故事，他说，“我带着外宾到少林寺，发现几岁的小和尚可以翻几个跟头。长大了十来岁的小和尚，翻了两三个跟头，他就翻不动了。为什么呢？是因为他的体量大了”。李克强总理的故事很容易让我们想象出一个生动的画面，小和尚的体量比较轻、比较小，翻跟头不吃力，一旦他长高长胖的时候，翻几个跟头就很困难了。经济发展也是如此，过去发展得比较快，是因为体量小。而经过这些年的发展，我们的经济再也不是过去的规模了，体量已经很大了，再想以过去那样的速度发展，已经没有可能性了。李克强总理以这样一个生动的例子，讲出了非常深刻的道理。

打比方是非常具有技术含量的说话之道。好的比喻，是机智的呈现，也是见识不浅的印证，非常容易打动人。因此，政府官员一定要善于运用打比方等各种修辞手法宣传党的政策和政府的各项工作，做好与群众的交流与沟通。

用 典

用典得当，往往可以使语言精练，含蓄典雅；使论据确凿充分，增强说服力，富有启发性。

引用经典，可以丰富而含蓄地表达有关的内容和思想，刘勰在《文心雕龙》里诠释“用典”，说是“据事以类义，援古以证今”，即用来以古比今，以古证今，借古抒怀。新闻发言人在回答记者提问时，用典得当，往往可以使语言精练，含蓄典雅；使论据确凿充分，增强说服力，富有启发性。

习近平总书记是一位用典大师，2013 年 3 月，习近平出访俄罗斯在莫斯科国际关系学院演讲时，引用车尔尼雪夫斯基的话——“历史的道路不是涅瓦大街上的人行道，它完全是在田野中前进的，有时穿过尘埃，有时穿过泥泞，有时横渡沼泽，有时行经丛林”，来说明前途是光明的、道路是曲折的这一深刻道理。2015 年 3 月，在海南博鳌亚洲论坛年会上谈到合作共赢时，他分别引用不同国家和地区的名言来表达同样的道理：“东南亚朋友讲‘水涨荷花高’，非洲朋友讲‘独行快，众行远’，欧洲朋友讲‘一棵树挡不住寒风'，中国人讲'大河有水小河满，小河有水大河满'。这些说的都是一个道理，只有合作共赢才能办大事、办好事、办长久之事。"通过这些国际社会易于接受的表达方式和简洁朴实的语言，清晰表明了中国的态度和立场，传递出了中国发展进步的风貌。[①]

2016 年 1 月 15 日，在国务院新闻办新闻发布厅举行的新闻发布会上，CNN 记者向中央纪委副书记吴玉良提出了一个问题：

> 习近平主席在美国演讲说反腐的时候说中国没有纸牌屋，但是外面传说王岐山书记挺喜欢这部美剧。在中国国内和国际上都有人认为中国反腐是政治工具，为现任领导人领导层打压他们政治上的挑战者，为他们扫除政治障碍，我们也注意到最新的几个和反腐有关的高官公布的时候，都有外国人不很理解的妄议中央大政方针的一条罪名，请问吴副书记您对这种评论或者是看法有什么回应？还有一个相关的问题，在中国那么多大老虎落马之后，不可能一直有大老虎被打下去，新的反腐工作的重点，是小老虎，大苍蝇，在这个方针、目标和重点上有什么新的趋势和发展？

在这里，吴玉良没有直接去论证"反腐是不是权力斗争"，而是引用了中国的一个传统小故事"疑邻盗斧"，指出了记者"戴着有色眼镜看问题"的心理本质，很好地化解了境外记者对"中国反腐是政治工具"的质疑：

> 我们中央纪律检查委员会的工作有一条基本原则，以纪律为

① 武志军：《讲好中国故事，传播好中国声音——习近平关于做好对外宣传工作的新思想新论断》，《党的文献》2017 年第 5 期。

准绳，以事实为依据，所以直到今天，我们党内审查所有领导干部的案件都是客观存在的事实，这些都是铁证如山。他们接受审查之后做的反省思过，包括写的忏悔录，都是发自心灵的忏悔，后悔不已。他们背离了党的宗旨、党的信仰，违背了党的纪律，他们个人认为都是罪有应得，取得了很好的社会效果和政治效果。为什么说人民群众对我们党的满意度已经提高到91.5%，就是通过我们党风廉政建设和坚定不移的反腐败取得的。总书记讲到我们不是纸牌屋，不是权力斗争，为什么记者反反复复提这个问题，实质是不是权力斗争？我的回答肯定是否定的，可能你还接受不了。

最近热播的电视剧《芈月传》，在那个时代有一本书叫做《吕氏春秋》，其中有一个故事《疑邻盗斧》，怀疑他的邻居偷了他的斧子。有一个人丢了一把斧子，老怀疑邻居偷了，看邻居走路的姿势，看邻居表情，甚至说话，都怀疑偷了他的斧子。第二天找到斧子了，再看邻居走路的姿势也不像了，说话也不像了。这是一种先入为主的错误观点，戴着这种观念或者有色眼镜看待中国的事情，往往就会得出一个扭曲的结论，认为你们国家反腐败是法治的表现，我们党内反腐反而就是权力斗争了。我觉得这是一种歪曲的现象，就像《疑邻盗斧》一样。

引用经典既要师其意，也要能于故中求新，更要能使所用之典如己出，不露痕迹，所谓“水中着盐，饮水乃知盐味”。邓小平在这方面是一位难得的高手，他的“不管白猫黑猫，逮住老鼠就是好猫”如今尽人皆知。事实上，这是他引用家乡四川的一句俗语“不管黄猫黑猫，只要捉住老鼠就是好猫”，应该说这个引用是不正确的，把“黄猫”说成了“白猫”，但因为他准确地抓住了这句俗语的核心要义，对实事求是的思想路线做出了通俗形象的说明，从而将错就错地将某个地区的一句民间俗语变成了一个流传千古的政治修辞。

李肇星也很善于引用经典。台湾问题是两会发布会老生常谈的问题，如何谈出新意是要下一番功夫的。李肇星在谈到台湾问题时是这样说的：“我特别期待着尽早到我们国家美丽的宝岛台湾去看一看，我还从来没有去过。女娲补天是把两块质量非常高的材料运到远方，就是今天的台湾岛和海南岛。”在这里，李肇星巧用中国古代妇孺皆知的著名神话，思接千载，视通万里，别出心裁，贴切深刻，令人耳目一新，很有感染力。

归　谬

归谬，就是指按照对方的逻辑和思路，推导出一个明显荒谬的结论，使其论点不攻自破。

当地时间2020年2月14日，慕尼黑安全会议在德国举行，美国众议院议长佩洛西在会上以所谓的华为“风险”警告欧洲国家：“别接近华为。”“各国不能为了财务上的方便而把电信基础设施割让给中国。”并声称如果他们让华为参与推出5G技术，将是“选择独裁而非民主”。

佩洛西的发言结束后，现场观众中有人举手示意要提问，获得主持人同意后，这位观众用流利的英语问道：“我来自中国，我还清楚地记得几年前您‘成功地访问了中国’，并围绕中美关系双方进行了‘建设性对话’，我的问题是关于华为，就我所知，世界运作的方式是，技术是一种工具，自从中国40年前开始改革后，引入了各种各样的西方技术，微软、IBM、亚马逊，他们在中国都很活跃。自从我们开始1G、2G、3G和4G以后，所有的技术都来自西方发达国家，而中国保持了它的政治体制，共产党领导的政治体制取得了成功，没有受到技术的威胁。可为什么如果把华为技术引入西方国家的5G，就会威胁政治制度呢？您真的认为民主制度这么脆弱，华为区区一家高科技公司就能威胁到它？”

话音刚落，观众席中就响起了一片掌声，这位提问者，是中国全国人大外事委员会副主任委员傅莹。

在这段话中，她用了“归谬”这一招式。

归谬推理，是复合命题推理的一种推广形式，其基本形式为：

如果p，那么q；
如果p，那么非q；
所以，非p。

下面，我们用这个逻辑式来分析一下这一次傅莹的提问。

佩洛西的发言中有一个基本观点，那就是如果选择华为，就是选择独裁而非民主，这个观点触犯到了中国的底线，必须予以回击，所以，傅莹举手示意要提问。

怎么提问才能达到目的呢？她找出了佩洛西的观点中存在的一个逻辑矛盾，即技术（华为）改变政治（独裁或民主），以此为基点，按照对方的逻辑和思路进行推理，推导出了一个明显荒谬的结论，从而使佩洛西的论点不攻自破。

按照归谬的逻辑式，我们可以对傅莹的提问进行分析：

如果，技术改变政治；
那么，中国引进美国技术改变政治；
如果，技术改变政治；
那么，中国引进美国技术没有改变政治；

所以，技术不改变政治。

由此，佩洛西的观点就不攻自破了。

归谬，就是指按照对方的逻辑和思路，推导出一个明显荒谬的结论，使其论点不攻自破。归谬是一种“以退为进，引出荒谬，以谬制谬，克敌制胜”的论辩方法，以其“荒诞之中显现理智，俏皮之中透出机巧，戏谑之中带着冷峭”的特点，显示着旺盛的生命活力。

归谬法包括条件归谬法、类比归谬法等。

鲁迅所说的“倘若说有胡子的人才有学问，那么山羊就最有学问了”，是典型的条件归谬法，即使用条件推演的方法从对方的观点中推出一个对方也不能接受的荒谬的新观点，从而证明对方的观点是错误的。

类比归谬法，是指使用类比推演方法由对方的论点推出一个新的论点，从而证明对方的论点存在问题。比如，一位牧师向一位美国黑人领袖提出诘难：“先生既有志于黑人解放，非洲黑人多，何不去非洲？”这位机敏的黑人领袖马上反驳道：“阁下既有志于灵魂解放，地狱灵魂多，何不下地狱呢？”

2000 年 11 月，全国政协主席李瑞环在香港考察访问期间，一名女记者提出了一个刁钻的问题：“您刚才在讲话中强调了团结的重要性，这是不是指香港人不够团结？”李瑞环同志笑着反过来问这个记者：“如果我祝你身体健康，是不是指你身体不健康呢？”在这里，李瑞环假设记者的观点是正确的，并由此推出了“祝你身体健康，就是指你身体不健康”的荒谬结论，反证了记者提问中的逻辑谬误，让记者哑口无言。

美国总统罗斯福也是一位类比归谬法运用的高手，有一次，记者问罗斯福：“能告诉我加勒比海小岛上建立的潜艇基地计划吗？”罗斯福反问道：“你能保密吗？”记者赶紧说：“能！”没想到，罗斯福紧接着说：“我也能！”

“你能保密吗？”罗斯福的反问正是类比归谬的逻辑手法，既然你可以保密，为什么我就要泄密呢？换句话说，如果我连自己这关都把不住的话，又如何能确保你那里就不会出现问题呢？就这样，罗斯福通过反问的方式沿着记者提问的思路延续联想，联想到反方向，得出了某种明显不可能的结论，从而巧妙地化解了军事秘密不太好回应的被动。而在另一个罗斯福与记者打交道的故事中，其归谬的手法实在令人叫绝。二战期间，罗斯福空前绝后地连任四届总统，有记者采访他，问他连续四任总统的感觉如何。罗斯福没有回答问题，而是请记者用餐，并亲自为记者拿来面包。记者诚惶诚恐地吃完了第一块面包，罗斯福问："味道如何？”记者说："非常好。""那就再来一块。”罗斯福又为记者拿来一块面包。第二块面包吃完，罗斯福又问："味道如何？”记者说："还好。""那就再来一块。”罗斯福又为记者拿来一块面包。第三块面包吃完，罗斯福又问："味道如何？”记者已经吃饱了，但又不好意思说味道不好。"那就再来一块。”罗斯福又为记者拿来一块面包。第四块面包吃完，罗斯福又问记者："味道如何？”记者已经饱了，实在不能再吃了，于是一脸苦笑。这时，罗斯福笑着对他说："连任四届总统的味道你现在知道了吧？”

反 问

“如果再发生这样一次透水事故，你还愿意继续担任新闻发言人吗？”刘德政很不客气地反问：“难道你还希望这样的事故再发生一次吗？”

反问也叫激问、反诘、诘问，是用疑问的形式表达确定的意思以加重语气的一种修辞手法。反问只问不答，但可以把本来已确定的思想表现得更加鲜明、强烈。反问比一般陈述句语气更为有力，而且所说的话具有一种不可辩驳的气势，感情色彩也更为鲜明。

通常情况下，我们并不建议新闻发言人使用反问的方式来反驳记者，为什么呢？有这么几个原因。

首先，根据美国语言哲学家格赖斯提出的“合作原则”，语言交际行为是交际者双方相互合作的过程，既然是合作，交谈过程就应该是双方都能够接受的。而反问作为一种交流方式，携带着强烈的感情色彩，往往会使谈话对象感到很不舒服，这样的话，就不如换种说法。

其次，正如亚里士多德所指出的，既然修辞术的目的在于影响判断，那么演说者不仅必须考虑如何使他的言说能证明论点，使人信服，还必须显示他具有某种品质，须使听众认为他是在用某种态度对待他们。[①]那么，当新闻发言人反问或者反驳记者的时候，是一种什么态度呢？在心理学中，反驳是一个习惯性防卫现象，反驳记者，在很多情况下被认为是对记者防范心理的反映，这显然不是善待媒体的应有态度。

最后，在很多情形下，我们看到一些新闻发言人反问记者，更多是因为记者的尖锐问题激怒了自己，反问是一种本能的回击行为。这时，从表面来看，新闻发言人看似在语气上驳倒了对方，但从沟通效果来看，如果只是气势压人，而不是让对方心服口服，并不能起到良好的沟通作用。

如前所述，由于反问携带着强烈的感情色彩，往往会使谈话对象感到很不舒服，所以我们一般不建议新闻发言人使用反问的方式来回答问题，但这并不是说，新闻发言人就不能反问。在接受记者采访时，反问反驳、以问制问的话语策略通常有以下两种用法。

一是“同理反抽”，用反问为不能回答作掩护。也就是“以其人之道还治其人之身”，既然对方的逻辑是错的，那么将这个错误的逻辑用在对方身上，就可以根据对方的逻辑（同理）得出反驳对方的结论（反抽）。一个典型的例子就是著名作家刘绍棠到国外访问期间对记者的反驳。一位外国记者不怀好意地问：“刘先生，听说贵国进行改革开放，学习资本主义先进的科学技术和管理方法，这样一来，你们的国家不就变成资本主义了吗？”对此，刘绍棠就是运用了“同理反抽”的方法反戈一击，他回答：“照此说来，你们喝了牛奶，就会变成奶牛了？”再如，美国主持人问姚明：“中国 13 亿人口，为什么找不出 5 个会打篮球的人？”姚明当即反问：“美国有 3 亿人口，为什么找不到 1 个打乒乓球打得好的运动员呢？”

---

① 〔古希腊〕亚里士多德著：《修辞学》，罗念生译，上海世纪出版集团 2006 年版，第 75 页。

二是将反问作为一种反驳的方式。在外交场合，反问作为一种反驳的方式经常出现。比如，2001 年江西烟花爆炸，法国记者在新闻发布会上问外交部发言人朱邦造："中国政府为何不允许记者前往现场采访？"朱邦造回答："在法国，如果发生刑事案件，记者难道和警察一起在现场破案吗？我在法国待过，怎么从来没有看到这样的情况？"记者被反驳得哑口无言。再如，王家岭煤矿"3·28 透水事故"发生后，有记者问新闻发言人刘德政："如果再发生这样一次透水事故，你还愿意继续担任新闻发言人吗？"面对这样的问题，刘德政当时就很不客气地反问道："难道你还希望这样的事故再发生一次吗？"对记者罔顾矿工生命，只想刁难官员的做法提出了批评。

说到底，反问就是一种话术，用还是不用，怎么用，取决于用的人是不是能够驾驭这种话术，如果你觉得你可以，不妨也反驳两句。

幽他一默

新闻发言人运用幽默技巧，必须适可而止，水到渠成，切忌矫揉造作，否则，会给人自作聪明、哗众取宠之感。

一个好的新闻发言人应该具备正直、诚实、信誉、良知，而且绝不能少了幽默感。[①] 发言人幽默诙谐，往往能活跃气氛，消除记者的对立情绪，产生积极的效果。比如，陈毅在兼任外交部部长期间曾在记者招待会上这样对境外记者说："你们可要警惕啊，你们到中国来要当心被我'洗脑筋'啊。"现场气氛一下子活跃起来，双方距离立即拉近了。就像外交部新闻司前司长、前发言人吴建民曾说过的："发言人如果有智慧，一句话就能把人家讲得笑起来，一句话就能把人家讲得跳起来，这就是讲话的艺术。发言人完全可以发挥，不能干巴巴地说教。"

幽默并不等于不严肃。在重大正式场合，各国领导人幽默、诙谐地

① 〔美〕海伦·托马斯著：《民主的看门狗》，夏蓓、蒂娜·舒译，南方日报出版社2009年版，第30页。

表态是一种普遍现象。有人甚至说，在美国，要想当总统，你必须是段子手。

有一次，美国总统约翰·肯尼迪让一大帮记者跟随他搭乘“空军一号”总统专机到某个地方参观视察。飞行途中，总统与记者们闲聊时，忽然有一个记者提出了个相当“尴尬”的问题，他冒失地问道：“总统先生，如果现在飞机突然失事坠毁的话，您看会有什么后果？”愉快的气氛顿时僵住了，众人一时面面相觑，不知道如何处置。只见肯尼迪慢条斯理地说：“唔，会有什么后果我不知道，不过有一件事情我绝对可以确定，就是明天早上的报纸一定会刊出你的大名，只不过，字体会很小。”幽默的回应不仅化解了尴尬，还反过来“修理”了唐突的记者。

美国媒体批评小布什把政务大都推给了副总统切尼，如“9·11”事件发生后的特定时间，小布什不知在哪里，只有切尼在媒体露脸，以致切尼劳累过度，心脏病几次发作。对此，小布什自嘲地说：“有人说，我所有重要决定都让切尼来做。”言罢，把头扭向切尼问道，“亲爱的切尼先生，下面我该怎么说？”引得听众哄堂大笑。

而美国总统奥巴马任内最后一次参加白宫记者协会招待宴会时，不停地抖包袱，挖苦政客，吐槽媒体，其段子被赞是“美式幽默的教科书”。如开场后不久，奥巴马就用轻松怀旧的口吻说，时间过得真快，他的任期只剩下6个月，以后就是名副其实的“跛脚鸭”了。虽然还没下台，但现在已经感觉没人待见了，访问英国时小王子都是穿着睡衣接见他，“感觉就像被人呼了一巴掌”。① 结尾的时候他又模仿美国篮球明星科比告别战的

① 段子的背景是：奥巴马上个月访问英国时，与4岁的乔治小王子见面。媒体拍到一张小王子穿睡衣和拖鞋会见奥巴马的照片，当时“火”遍网络。

演说，做出和科比一样的飞吻动作，最后把麦克风扔到地上，[①] 说："千言万语化成两个字：奥巴马走了（Obama out）。""奥巴马走了（Obama out）"既有任期临近的无奈，也有接受离职的坦然。面对这一切，他玩世不恭的一句话，用幽默的人生态度拉开与现实的距离，维护了自己的尊严。

从总体上说，所有幽默的机理都适用于"失协—解困"理论，也就是说，幽默打破了常规修辞学中语言或逻辑的规则，利用"反差"和"错位"刻意制造不协调，当这种不协调感被解开之后，带给人"期待突然扑空"的惊讶的感觉，这种心理落差会令人发笑。

那么，如何才能产生不协调感，带给人"期待突然扑空"的惊讶感觉呢？有些小技巧可以拿来一用。

歪打正着

要么"智错"，要么"奇诡"，说话者通过制造歪理而产生幽默，令人哑然失笑，过耳不忘。例如，王尔德游美国，海关人员问他有没有应该申报纳税的东西，他说："没有什么可申报的，除了我的天才之外。"再如，1979 年，邓小平访问美国，美国总统国家安全事务顾问布热津斯基设家宴款待邓小平一行。席间，布热津斯基问邓小平："中美建交，卡特总统在美国遇到亲台湾势力的阻挡，不知道您在贵国是否也遇到同样的麻烦？"邓小平几乎不假思索地回答："当然有，台湾省就反对！"[②] 由于可以放开想

---

① "扔麦"是美国流行文化中的一种表演性举动，一般在演出结束后进行，意在表达情绪，强调观点。驰骋球场 20 年的科比在最后一场比赛结束后说的最后一句话就是："曼巴走了。"他向球迷飞吻，并把麦克风放在地上，转身离开。

② 《外交部发言人制度变迁：幽默并不等于不严肃》，《中国青年报》2009 年 10 月 18 日。

象的翅膀，对事物进行随心所欲的解释，所以，很多聪明之士常常用歪打正着的幽默方式来解难。

故意误会

相声老艺术家们总结说：理儿不歪，笑话不来，词语由甲义被误解为乙义时，经常导致语义转向，形成一个幽默的对话情境。比如，一次，丘吉尔首相在公开场合演讲，台下递上来一张纸条，上面只写着两个字——“笨蛋”，丘吉尔知道台下有反对他的人正等着看他出丑，于是气定神闲地说：“刚才我收到一封信，可惜写信人只签了名，忘了写内容。”

假装糊涂

或者说大智若愚，以愚的形式来表达智的内容，属于先抑后扬。先抑，可以使人形成一种思维定式，即产生一种“你不行”的错觉；后扬，则迅速打破这种思维定式，出人意料，令人惊奇。前后对比强烈，效果迥异，从而产生出幽默的情趣。在科学研究中被广泛应用的“罗夏墨迹测试”，通常请参与者观看模糊的墨迹，并请他们说出看到墨迹时他们想到了什么。一则著名的弗洛伊德式笑话与此相关：一名男子去看心理分析师，分析师拿出了一沓印有墨迹的卡片，让他一张一张地看，每看完一张询问一次，墨迹让他想到了什么。这名男子看完第一张卡片后说“性”，看完第二张后他还是说“性”，第三张、第四张……结果他看到每一张卡片后说的都是“性”，心理分析师非常关切地看着他说：“我并不想让你担心，不过你看起好像满脑子想的都是性。”这名男子听后大为震惊，他回答说：“我真不敢相信您刚才所说的话，拿着整沓色情卡片的可是您哪！”

自相矛盾

通过言行不一、言语的前后抵触和行为的相互矛盾，有意造成反差，构成荒谬。比如，某人被妻打，无奈钻入床下。妻喝令：“出来！”夫曰：“男子汉大丈夫说话算话，说不出来就不出来。”

夸张

通过扩大或者缩小事物的特征，制造出极端不可能的情形，从而产生强烈的幽默效果。1960 年，中国打下了美制 U-2 型高空侦察机。有外国记者在记者招待会上问陈毅：“最近中国打下了美制 U-2 型高空侦察机，请问中方是用什么武器打下的？”陈毅很自然地用双手在空中做了一个动作，风趣地说：“记者先生，我们是用竹竿子把它捅下来的！”此例中，中国用什么武器打下美制 U-2 型高空侦察机是军事秘密，“用竹竿子捅下来”根本就不可能，但陈毅以荒谬夸张的方式风趣地做出回应，让大家一笑了之。

别解

别解指的是对原来的话语进行新的理解，赋予其新的含义。因为打破了常规语义的约束，原意与新意之间的反差造成心理落差，获得幽默风趣的效果，是一种借力打力，以其人之语还治其人之身的方式。比如，瘦削的萧伯纳碰到一位大腹便便的商人，商人讥讽道："看见你，人们会以为英国发生了饥荒！"萧伯纳看了商人一眼，不紧不慢地说："看见你，人们就会明白饥荒的原因。"再如俄国大诗人普希金年轻时，在一次舞会上邀请一位小姐跳舞。这位小姐傲慢地说："我不能和小孩子一起跳舞。"普希金灵机一动，微笑着说："对不起，亲爱的小姐，我不知道你正怀着孩子。"说完，他很有礼貌地鞠了一躬离开了。巧妙地运用别解手法，普希金化解了尴尬，维护了自己的尊严。

任何幽默表达的成功，都是信手拈来、顺其自然的，如李渔所云——"笑话逼人来"，有"无意乎相求，不期而相遇"的味道。幽默的精义在于其中所含的道理，而不在于舞文弄墨博人一粲。[①] 自然天成的幽默最有美感，因此，新闻发言人运用幽默技巧，必须适可而止，水到渠成，切忌矫揉造作，否则，会给人自作聪明、哗众取宠之感，容易引起别人的反感，弄巧成拙，前功尽弃。

① 梁实秋:《会说话的人，人生都不会太差》，北京时代华文书局 2006 年版，第 11 页。

黑色幽默

在这种情况下，无论是什么颜色的幽默，我都幽默不起来。

幽默是为了释放强烈的情感，排解尴尬和窘迫，缓解害怕等消极情绪，以黑色幽默最甚。黑色幽默，也被称为绞刑架上的幽默，指的是为了驱赶因即将死亡而产生的恐惧而制造的幽默。如今在互联网上，以“黑色幽默”的强烈情绪来解构政府权威的言论屡见不鲜。

2008 年 9 月 8 日，山西省襄汾县新塔矿业有限公司发生特别重大溃坝事故，时任山西省省长的孟学农因此请辞，正在调查事故的时任国家安监总局局长王君就地转岗为代省长。时隔不到半年，2009 年 2 月 20 日，山西省安全生产工作会议举行，这个会议往年只由副省长出面，而且会期只有半天，但这一次开了整整一天，代省长王君亲自参加，神情严肃的王君在会上多次打断汇报者谈成绩的言语，要求只说“要怎么做”。“发生事故了，还讲什么宏图大业？如果小煤窑问题都解决不了，明年就不用开这个会了。”也是在这次会上，王君说出了一句现在被广泛提及的话：“我们已经哭不起了。”

即便如此高度重视，两天后的2月22日，屯兰矿难就骤然而至。事故发生后，新任国家安监总局局长骆琳担任事故调查组组长。借此，在屯兰矿难的网络访谈模拟演练中，我们会对被采访对象提出这样一个问题：

> 现在的省长是之前的安监总局局长，结果刚接任省长不久就发生了这么大的矿难，而接任自己的新局长来查自己的责任，还有比这个更黑色幽默的吗？

面对“黑色幽默”这样的极端情绪，大多数学员都可以用“这是正常的履职”来回应，但也有学员不知所措，甚至会说出“这确实是个黑色幽默”这样的荒诞表态。当然，也有学员会表现出更高的智慧，比如，一位来自天津的女厅官在听到这个问题时是这样回应的：

> 屯兰矿难中，有七十多位矿工失去了生命，在这种情况下，无论是什么颜色的幽默，我都幽默不起来。

作为提问者，听到这样的回复，内心是震撼的，本想用网言网语网住官员，却忽视了这样的戏谑是建立在生命离去的现实基础上，当官员正色指出其中的荒诞之处时，难免会让提问者感到羞愧，并因此进一步端正自己的职业态度，调节自己的职业行为。

用面覆点

通过用面覆点的方式，可以避免个体的“以点代面”对整体形成损害。

2018 年 4 月，网上热传一段 10 秒左右的视频，视频内容是中国财经出版传媒集团原书记周法兴在集团全体党员大会上的一段讲话，周法兴说:“作为一个党员，个别人觉得自己是个转业军人就了不得啦？转业军人怎么啦，转业军人个个都是好人啦？都是能人啦？你是能人早就当将军啦，还转业到我这里来干啥？”这段话被人录了下来放到了网上，周法兴瞬时成为新晋“网红”。

周法兴的话不长，但每一句都充斥着不恰当的味道。第一句“作为一个党员，个别人觉得自己是个转业军人就了不得啦？”言语间充满了对退役军人的轻视；第二句“转业军人怎么啦，转业军人个个都是好人啦？都是能人啦？”对退役军人的职业价值表现出了极大的不认同；第三句“你是能人早就当将军啦，还转业到我这里来干啥？”问题最大，一是“当将军”，反映出了周法兴对“成功学”的极度迷恋；二是“我这里”，将财经出版传媒集团当做了自己的独立王国，毫无遮掩地释放着一手遮天、妄自尊大的官僚习气。

党的十九大报告提出，要“让军人成为全社会尊崇的职业”，而周法兴的这段话，严重伤害了退役军人的情感，即使最终对周法兴进行了处分，但依然很难挽回这句话在全社会造成的恶劣影响，以及对组织形象的巨大损害。因此，我们看到，在之后的新闻发布会上，有关周法兴的话题总是被不断提及，如何对此进行回复？考验着新闻发言人回应社会关切的水平和从总体上把握问题的能力。

2018 年 7 月 31 日国务院新闻办举行的新闻发布会上，面对凤凰卫视记者提出的同一个问题：“孙部长，关于军转干部，今年 5 月份有一个特别广泛的社会讨论，就是一个传媒机构的领导对军转干部在一次会议上不屑的言论，您怎么看待，您认为这类问题应该怎样面对或者是如何处置。谢谢。”退役军人事务部部长孙绍骋是这样回答的：

> 拥军优属、拥政爱民是我们中国共产党的优良传统，军爱民、民拥军、同呼吸、共命运这种局面在多少年以前就形成了，现在社会上还是有良好的氛围的。但是据我所知，也确实有个别人，有一些人，包括对我们的英烈，对转业干部不太尊重，但是不能因为一个个案就说明现在对转业干部都不尊重了，因为我们每年转业干部得到了妥善的安置，各得其所，他们受到社会和单位的尊重。至于说个别人，我觉得这是个案。

应该说，虽然周法兴的话在互联网上引起了轩然大波，但从记者的提问技巧来分析，这是一个切口很小的提问法，只是针对某一个“官员”而已。如果新闻发言人在回答的时候只围绕这一点来回应，“只顾一点，不及其余”，很容易就会产生以点代面、以偏概全的传播效果。而通过用面覆点的方式，将周法兴的偏见归结为“个案”，避免了个体的“以点代面”对整体形成损害，在此基础上，其核心观点“拥军优属、拥政爱民是我们中国共产党的优良传统”，也就很容易被听者所接受了。

真实是新闻的生命，新闻学理论对“新闻真实”的阐释，包含“具体真实”和“整体真实”双重含义。“具体真实”主要是针对具体的新闻事实而言的，指新闻报道对具体的、单一的、个别的客观事实所作的真实的反映；“整体真实”（有人也称之为总体真实、全局真实、宏观真实），是与“具体真实”相对应的概念，指在“具体真实”的基础上，由所有具体新闻组合而成的“全体”新闻，描绘着、反映着报道对象的整体面貌，揭示了客观事物相互联系和发展中存在的内部规律性。

在孙绍聘部长的回应中，周法兴的话是真实存在的，是客观事实，如恩格斯所说，对客观事物的本来面目作“朴素的了解，不附加任何外来的成分”，是“具体真实”，但如果把这一“具体真实”当成“整体真实”，并不能如实描绘、反映对象的整体面貌。因此，孙部长指出，“拥军优属、拥政爱民是我们中国共产党的优良传统”，周法兴只是“个案”，从而防止了被“具体真实”一叶障目所形成的不见森林、不见“整体真实”的不良后果。

而在马克思辩证唯物主义看来，感性的具体直观地反映了实在具体的杂乱的多样性、丰富性；而理性的抽象则舍弃了具体的许多规定，离开了具体的多样性，抓住具体中的共性作为本质。由此可见，周法兴的话在孙绍聘部长的回应中，属于不能反映共性的“具体规定”，于是就成为被舍弃的那一部分。

由此也不难看出，新闻发言人从总体上把握问题的能力和水平，对舆论引导的走向和效果起着决定性的作用。

表态

作为管理者，面对组织内可能存在的违法乱纪问题，首先要表明组织对这种问题的基本态度。

在关于"一带一路"的主题演练中，我们会提出这样一个问题：

众所周知，埃塞俄比亚的姑娘长得很漂亮，所以，有中方企业管理人员在国内有妻室，但是在埃塞俄比亚也有伴侣，最近我们听说在中国南方出现了非洲妈妈抱着孩子来中国找爸爸的事情，对此您作为企业管理者，将如何回应？

学员的回答五花八门：

——有这样的事情，那我得和这位姑娘聊聊，看看他们是怎么认识的？

——这个问题需要一分为二地看待。一方面，这是个别现象，不具有普遍性。出现这样的问题，我们要上报国家使馆和外交部，寻求外事保护。另一方面，要告知当事人，问清楚事情的原因和经过，如果男方和妻子的感情确实破裂了，最好劝他们解除婚姻关系，鼓励这位员工和非洲女孩在一起，组成跨国婚姻。

——我表达三点，一是中国员工与埃塞俄比亚姑娘谈恋爱，是建设“一带一路”的过程中民心相通和文化融通的体现。二是员工本人是已婚的，这在中国是不合法的，下一步，也要尊重当地的婚姻法，比如，有的国家就允许一夫多妻。三是我们公司目前在全球有近百个重大项目，涉及143个国别，有可能还会出现这样的情况，所以我们要研究一套制度方法，从制度上来约束这种行为。

应该怎么回答才好呢？事实上，这个问题看似不好回答，但真正回答起来并不难，既无须像小报记者一样着急忙慌地去了解男女之间交往的过程，也不必将企业内部一个员工的生活作风问题作为一个重要的外交事项上报给外交部和使领馆，更不能自作主张地决定其他人的婚姻状况，因为即便是这位员工犯了错误，选择和谁在一起仍然是他的自由，无论是组织还是领导都无权干涉。

面对这类问题，最恰当的回答是：表态即可，遵纪守法。是的，作为管理者，面对组织内可能存在的违法乱纪问题，首先要表明组织对这种问题的基本态度。因此，此时的回复最好是：作为走出去的中国企业的管理者，一定要遵纪守法，既要尊重中国的法律，也要遵守驻在国的法律，您所说的情况我具体不清楚，但无论是谁，只要有违法乱纪行为，必将受到相应的严肃处理。

从关心群众的角度出发

在新媒体时代，两微一端如何更好地回应群众意见建议，对各级政府都是一个新的挑战。

在新媒体时代，两微一端如何更好地回应群众意见建议，对各级政府都是一个新的挑战，但万变不离其宗的是，能不能真正从关心群众的角度出发。某日，一位宣传部部长发来了某市政府官方网站的一段网友留言和官方回复，请我点评一下，思考和回复的过程，我对回应社会关切有了更深入的认识。

具体信息是这样的——

××小区五证全但房产证十年办不下来

尊敬的××市长您好！

我是××市××小区的一位业主。入住此小区已经八年多了。但现在不动产证仍遥遥无期，连验收还没有完全通过。也找了很多政府部门，但一直推进缓慢。这两天我看了一下××市政府的留言系统，粗略翻一下发现类似于我们这种问题的小区在本市不下三四十个，可能涉及了十几万甚至几十万市民。有的因为验收未通过，有的因为房产商跑路，有的因为房产商未交足税费。市民买了五证全的房子，现在产权证办下不来。我想千错万错，错不在老百姓的身上。可目前的局面，受苦的只是老百姓，对于开发商来说拖着不办反而是有些好处，没有什么坏处。

目前这种局面怎么解决？我们也请教了一些政府办事人员，他们也很辛苦，但也很无奈。就目前××市的政策，也没有什么好的办法。在这里，我想个建议，能否学习长沙市政府在这方面的经验和办法。即成立以市政府牵头的房产办证遗留问题协调领导小组办公室统一协调指挥落实老百姓有房无证的问题。具体实施中采取三先三后原则，即“先证后税（费）、先证后责、先证后诉”。也就是说，房产商的问题，不能让老百姓来买单，消防规划过不了的，先办证后整改，房产商拖欠税费的，先办证后催缴。采取这种办法，我想这个影响到几十万市民的民生问题可以解决。

希望政府能在这方面做一个先行者。

一位普通市民 2018

对此，××市长的回复是这样的：

热心网友您好！

首先非常感谢您对××市社会事业发展的关心。现就您提的问题答复如下：

经核实，××小区由××房地产开发有限公司开发，五证齐全，现已具备办理不动产证的条件。因当时未及时办理不动产证，目前正按不动产中心的办证要求重新整理办证资料。

在此，真诚地希望您继续关心本市的经济社会发展，并对相关工作予以监督，提出宝贵的意见和建议。

回复单位：×× 市人民政府办公厅

我认真浏览了网友留言和市长回复，给宣传部部长做了如下回复：

能及时回复很不错，做到了回应社会关切。但看完回应，发现也许并不能实现疏导社会情绪的作用。

大体感觉有这么几点可以再充实完善一下：一是这封信是写给市长的，应该以市长的口吻来回复；二是市民权利受到了伤害，应该对其境遇表达同情和理解，而不是一上来就说感谢您对 ×× 市社会发展事业的关心，有错果为因、本末倒置之嫌；三是就具体的利益诉求的回应——正在办理而言，过于大而化之！应该在核实了解的基础上告诉市民目前正在办理的具体进度和大概走向，不然就是画饼充饥，望梅止渴。

对方问我：对于信中提到的学习长沙、深化改革等建议，如何回应才好？我想了想，回复道——

至于信中提到的学习长沙、深化改革等建议，因为涉及制度调整和变迁等深层次的问题，一方面，成功的经验有很多，长沙的做法可能只是其中一种，是否适合本市尚未可知；另一方面，既然是建议和意见，就可能会被采纳，当然，也有可能不被采纳，因此需要谨慎作答，不便直接回应说我们会学习，或者不会学习，但要感谢市民对本市经济社会发展的关心以及建言献策的积极性，并表明会进一步完善制度建设，希望市民对相关工作予以监督，并提出宝贵的意见和建议的态度。

有理不在声高

生活中的 10%是由发生在你身上的事情组成，而另外的 90%则是由你对所发生的事情如何反应所决定。

梁实秋在《会说话的人，人生都不会太差》一书中写道：一个人大声说话，是本能，小声说话，是文明……在英国文人中，约翰逊博士是一个著名的例子。在咖啡店里，他一开口，老鼠都不敢叫。那个结结巴巴的高尔斯密一插嘴便触霉头。Sir oracle（先知大人）在说话，谁敢出声？约翰逊之所以被称为当时文艺界的独裁者，良有以也。学问风趣不及约翰逊者，必定是比较的语言无味，如果喋喋不休，如何令人耐得。我们的华侨在外国，说起话来，时常被外国人称作“吵闹的勾当”（noisy business），我以为是良有以也。……一开口便血脉偾张，声振屋瓦，不久便要力竭声嘶，气急败坏，似可不必。[①]

在接受记者采访的过程中，“一开口便血脉偾张，声振屋瓦，不久便要力竭声嘶，气急败坏”的案例并不鲜见。

---

① 梁实秋：《会说话的人，人生都不会太差》，时代出版传媒股份有限公司 2006 年版，第 19 页。

一位民营企业家被双规，因为他“不听话”，在“市长和市场之间选择市场”。企业家腿中间夹张白纸，对墙站着，纸掉了就被打。他被判了三年，“挪用资金罪”，每天在监舍里原地跑五千步来督促自己“不能垮，要活着”。采访的时候，他不像平常盯着镜头看，而是圆圆地窝在那里，埋着头听。

去采访市领导，说出差了，过两天就回来，过了两天还有两天，知道我们等不了那么久。

这种事情急不得，也无处发作。

大胡子让我去把楼里每一层的门都假模假式敲了一遍，他坐在楼下台阶上，见着人就挨个儿问：“请问您见着书记了吗？我们找他，有这么个事儿，我给您说说……”

这两句相当有用，二十分钟后，秘书来了：“领导请你们去办公室。”这位企业家被判了三年，主要证据是一个复印的手写材料。复印的证据是不能被采信的，但法官就这么判了，我走进法官办公室，镜头在我身后，我问：“这个案子，您明明知道这份意向书不是原件，为什么还要采用它？”

法官愣了一下，呜噜呜噜说了几句：“不是原件……有些没有原件。也不是我们非要这个证据不可。”

我没听懂，问：“不是原件为什么要采用它？”

“我认为它是原件。怎么不是原件呢？”

我把纸放在桌上：“您认为它是原件？我们看到的明明是手写的一个复印件。”

他嗓门高起来：“我没有看到。你在哪里看到手写的？”

我指指二审的判决：“中院都说了，这不是原件。”

他把手挥得我脸上都是风:“不是原件，你相信就行了。”

我问:“那您为什么采用一个不是原件的……”

“我没有采用，我哪有采用了？”

我指指判决上的字:“法官，这儿，这儿，第六点。”

他急了:“我还有一二三四五七八。你为什么只查我第六点？”

“您别激动。”

他脸都扭曲了:“我没激动啊。”

我让声音柔和一些:“您还是采用了它？”

他喊了出来:“我至今还认为他是有罪的。”他转身往外走，一边挥舞着手:“你不要成为别人的工具。”

我紧跟在他身后，镜头在我身后:“法庭辩论的时候，辩护律师说司法不要成为工具，您怎么看？”

他跳得真高。[①]

这是柴静在《看见》中记述的一段采访经历。在这段采访中，这位法官既不讲法也不讲理，意气用事、丑态百出的形象跃然纸上。不难看出，这位法官之所以冲动，“跳得真高”，是因为自己执法不公的劣迹被记者抓住并当面揭露出来之后引发的恼羞成怒。有不少官员从新闻发言人变成新闻当事人，都是由于“骂人不揭丑”的潜规则被记者打破之后，在“冲动”这个魔鬼的指引下勃然大怒，结果使自己成为媒体的“猎物”。

法拉奇在采访独立后的孟加拉国总理穆吉布·拉赫曼时，一开始他只是懒散地坐在沙发上，讲述毫无意义的事情，但是，当法拉奇问到关于几个月前由他的手下组织的对反对者的屠杀时，他突然暴怒起来，访谈不得

① 柴静:《看见》，广西师范大学出版社 2012 年版，第 69—71 页。

不被迫中止。随后，法拉奇寄给报社的文章是以这样的句子结尾的：“亲爱的经理，按照你之前的嘱咐，我去达卡了。但是我现在更希望你当时跟我说不要去达卡。那个穆吉布不是一个严肃的人，因此我不会去写关于他的任何文章。为了让你相信，我给你寄去了我所有的笔记。做你想做的吧。你亲爱的奥莉娅娜。”① 显而易见，穆吉布给法拉奇留下了极其糟糕的印象。

在另外一些情形下，记者的问题还没有到“揭丑”的地步，只是触碰到了敏感话题，也会导致一些官员大为光火。比如，意大利总理贝卢斯科尼在罗马举行新闻发布会时，记者卡洛马尼奥打断他的讲话，抛出了一个涉及政府官员腐败案的问题。贝卢斯科尼大为恼火，大骂卡洛马尼奥不知羞耻，是个流氓，还下令将他赶出会场。而在唐宁街与布朗举行的联合记者招待会上，一位记者问及法国总统萨科齐与妻子布鲁尼婚姻的问题时，萨科奇被这个问题激怒了。他呵斥一名法国记者：“如果你认为一位法国总统有时间对这种荒谬可笑的谣言做出反应，我不知道你认为他每天都会干什么。这是一个非常愚蠢的问题。”

中国自古以来就有句古话，有理不在声高。声高固然能加强语气，增强气势，但这种粗鲁的说话方式往往会使听者对说者的意见和说法更加反感。美国社会心理学家费斯汀格（Festinger）更是提出了著名的费斯汀格法则：生活中的10%是由发生在你身上的事情组成，而另外的90%则是由你对所发生的事情如何反应所决定。官员如果在接受记者采访时有冲动反应，记者只需要把这个过程描述下来，就能完成一篇颇能吸引眼球的报道。而像柴静和法拉奇这样的名记者，更是会对自己印象深刻的事情通过写书等形式进行二次加工，而一旦以这样的形式被记录，这些采访片段就会成为历史的笑柄被永远地保留下来。

---

① 〔意〕克里斯蒂娜·德·斯特凡诺著:《从不妥协——法拉奇传》，陈晗奕、魏然然译，新星出版社2014年版，第262—263页。

听话听音

一个是命令式，一个是请求式，不同的说法，效果大相径庭。

音质、音幅、音调、音色等语音表达方式的变化，可以使字面相同的一句话具有完全不同的含义。比如语调的变化，当我们用正常的语调说“佩服”，说明我们对对方发自内心地赞赏与钦佩；但假如在说这个“佩”字的时候起调特别高，中间拉长音，落音特别低，那就分明是在表示讽刺之意了。

再如语气的变化，同样一句话“能把报告给我看一下吗？”用不同的语气说出来，给人的感觉天壤之别。有的语气是在暗示——“懒鬼，你早该给我看了！”有的语气则听起来像是请求——“先生，不介意的话，把报告给我看一下吧？”有的语气代表着不耐烦——“拜托，省点口舌吧，直接给我看你写的报告吧。”当然，如果是请求的语气，别人自然会高高兴兴地把报告给你；如果是不耐烦的语气，别人恐怕会冷面以对，根本不会搭理你。①

再比如，同样是主持新闻发布会，有学员在转入提问环节前会说："由于今天来的记者比较多，每人只能提一个问题。"也有学员会这样说："由于今天来得记者比较多，请大家尽量每人只提一个问题。"一个是命令式，一个是请求式，不同的说法，效果大相径庭。命令式一是限制了记者提问的权利，二是语气十分生硬，会让记者产生被剥夺感和被轻视感，这就会对接下来的采访活动产生影响。请求式一是讲明了记者权利的公平性，二是语气相对柔和，很容易就被记者接受。

最典型的例子就是黄健翔的激情解说：在2006世界杯意大利队对澳大利亚队比赛的最后时刻，从意大利赢得点球到托蒂射入击败对手，黄健翔用高亢而近乎嘶哑的嗓音对意大利队和制造点球的左后卫格罗索进行了高度评价。他生动地将格罗索的这次突破称为三位伟大左后卫的"灵魂附体"，并在获胜之后高呼"马尔蒂尼生日快乐！"事实上，观众在收看这场球赛时并看不到黄健翔本人，甚至没有完全听清楚他声音中的全部信息，但正是由于其声音的反常——尖锐、声嘶力竭——在网络上引起了巨大的争议，并最终因其"失声、失礼、失态、失常"，从此走下了他职业生涯的顶峰，不由令人扼腕叹息。

在新闻发布会上最容易引起方向失控的一种做法是，新闻发言人努力去适应语速较快的记者。虽然新闻发言人不能控制记者的语速或提问方式，但可以控制自己回答的速度。事实上，新闻发言人在发布新闻时，语速应该比正常的语速还要慢一些，只有这样才能感觉轻松，并有时间构思回答，从而掌控局面。

此外，新闻发言人说话太快，记者难以当场清楚地记下来，在撰写报

① 〔美〕安妮特·西蒙斯著:《故事思维》，俞沈彧译，江西人民出版社2017年版，第108—109页。

道时就不得不基于笔记本上的几个关键词，或者仅仅凭借记忆，这就非常容易导致报道中出现多处不一定恰当的转述，而不是正确的引用。

如果你在回答记者提问的时候不幸思维卡壳，一定不要“嗯嗯啊啊”，可以尝试一下其他的方式，因为没有人会知道你的思维过程。“嗯嗯啊啊”是很多人都容易出现的口头禅，此外还有“那么”“这个”“那个”“因此”“其实”，甚至偶尔出现的咂嘴声，高明一些的口头禅是一些单词和短语，如“像”“你知道”“有些”“某种程度上”，等等。

人们使用口头禅是因为他们不适应空白和停顿。对于口头禅这种顽固词，最有效的治疗方法是“爆发——停止”。也就是说，你知道了自己有喜欢说某个口头禅如“这个”的习惯，当你发言的时候，在要说出“这个”这个口头禅的时候，停顿一下，然后再接着说。在这里，停顿不仅代替了口头禅，还是自我控制的优雅时机。另一个控制的方法是，连贯说，在标点处停顿。这个要求新闻发言人在准备的时候要有意识地记住标点位置，发言的时候强迫自己把一句话控制到标点处再停下来。无论哪种方法，都需要新闻发言人有意识地去自我训练。

合理的节奏和适时的停顿是必要的，短暂的停顿提供了收集和构思想法的时间，稍长一点儿的停顿和重点强调如同一个微妙且强烈的感叹号，可以抓住听者的注意力。但停顿或沉默都是有限的，极限是多少呢？西方培训官员媒介素养有一个“六秒原则”，要求在接受记者采访时，不管记者问什么问题，必须在六秒以内开始回答，做不到就是不合格。但根据我自己的经验判断，六秒还是略长了些，一般 2—3 秒的停顿是可以的，不会带来明显的中断感。

“21秒”沉默

他宁愿选择 21 秒的长时间沉默，输了面子，也不愿意轻易表态，丢掉里子。

如果让一位经验丰富的“老戏骨”总结一下什么是“演戏”的话，他一定会告诉你：“什么是演戏？就是演人物关系。”

人物关系在戏剧中有多重要呢？黑格尔说：“事件也只有从它对主体的目的和情欲的关系上才见出它的戏剧的意义。”在戏剧中，人物以及人物关系是戏剧情境的核心，是情境中最有活力的因素。对编剧而言，创作人物最重要的前提就是要梳理清楚人物关系。

戏剧来源于生活，现实生活中最重要的也是人与人之间的社会关系。人物关系，尤其是重要人物之间的关系，往往是媒体和公众最为关注的热点话题。2020 年，6 月 2 日，加拿大总理特鲁多在发表全国讲话后回答记者提问时，就被问到了一个“关系”问题。

当时，CBC 记者汤姆·帕里问道：“你一直不愿评论美国总统的言行，但我们现在有唐纳德·特朗普呼吁对抗议者采取军事行动；昨天我们看到抗议者用催泪弹驱散人群，为总统拍照让路。我想问你对此有何看法，如果你不想发表评论，你认为你在传递什么信息？"

面对这个问题，特鲁多足足沉默了21秒。在长达21秒的沉默中，特鲁多的面部表情局促不安，他先是眼光向下，似乎在想什么，大约5秒钟后，他动了动嘴唇，明显是想说什么，但是又把话咽了回去，之后，他又有两次试图开口说话，第三次几乎就要说出来了，但是依然没有说。

有媒体解读说，特鲁多的21秒，是回避问题的典型表现，之所以沉默，是为了找到更加合适的措辞。但是，直到第四次特鲁多终于发出声音，他的字斟句酌中，还是没有正面回应记者的问题。

政府官员在接受记者采访时，面对记者提出的问题，适度的停顿是必要的，一方面，利用短暂的停顿时间思考记者的问题指向，构思自己回答问题的重点并组织合适的语言；另一方面，很多时候，停顿就像电影中的空镜头，运用得当，会成为对话过程中合理的节奏，具有一番别有韵味的感染力，可以抓住听者的注意力。比如，在讲述一个悲伤的故事时，短暂的沉默往往能够扩展听众的心理空间，使故事的悲剧效果成倍放大。但停顿或沉默也有相应要求。如遵循"六秒原则"，即政府官员在接受记者采访时，不管记者问什么问题，官员必须在六秒之内给出回应，不然就是不合格。

事实上，"不合格"并不可怕，可怕的是，这个"不合格"给当事人带来的舆论灾难。这不，特鲁多足够尴尬又足够漫长的21秒，不仅创造了政治家面对记者提问时保持沉默的新纪录，被加拿大《国家邮报》认为是堪称史诗级的沉默，也让自己因此陷入了舆论的一波旋涡之中。

当地时间6月3日，加拿大新民党党首贾格米·辛格（Jagmet Singh）、魁北克集团党首伊夫·弗朗索瓦·布朗谢（Yves-François Blanchet）、绿党党首伊丽莎白·梅（Elizabeth May）都对特鲁多提出了批评。

辛格认为，在这样的时刻，加拿大总理必须选择正确的立场，必须针对发生在南部邻国的仇恨和种族主义发声，如果总理不能做到这一点，那么加拿大人民又能秉持什么立场呢？他因此说“特鲁多的沉默让人们惊醒”，而这样的沉默证明，特鲁多“做的不如说的漂亮”。布朗谢说，特鲁多“需要挺直脊梁”，总理“更倾向于”指责加拿大人是种族主义分子，而不是“批评特朗普那些具有煽动性的、引起社会紧张关系的言论”。伊丽莎白·梅当天在另外一个场合则表示，特鲁多确实是“说的比做的漂亮”。

那么，作为一国总理，特鲁多为什么会在镜头前出现如此尴尬失常的表现呢？说到底，还是因为有些关系不好处理，无论是对外，还是对内。

就外部关系来说，虽然辛格明确表示，特朗普的行为应受谴责，美国总统煽动仇恨和分裂，助长种族主义并使人民处于危险之中。但就像一位网友所说，如果坦诚评论特朗普这样不诚实和讨厌的邻居，可能会冒险，在这种情况下，代价非常高昂。如果公开让这个讨厌邻居丢面子，事情会变得更加危险，特鲁多对这个后果很清楚。

就内部关系而言，加拿大 2020 年 5 月 30 日、31 日连续两天多个城市爆发声援美国非裔、反对歧视非裔和原住民的抗议活动，说明加拿大自身也存在种族歧视问题、警察暴力执法问题。为此，《温哥华商业》（BIV）杂志 2020 年 6 月 2 日在题为《特鲁多的长时间沉默表明对特朗普兔死狐悲》的文章中指出，“在我们自己的房子乱糟糟的时候，加拿大就无法批评特朗普”。

基于此，在这 21 秒中，对于这样一个棘手的提问，特鲁多不仅要考虑加拿大与美国之间关系的问题，还要考虑加拿大自身的问题，怎么说，说什么，就变得十分艰难。所以，他宁愿选择 21 秒的长时间沉默，输了面子，也不愿意轻易表态，丢掉里子。

直到最后，他终于想到了委婉闪避的表达方式，才让自己从尴尬中解脱出来：“我们都惊恐地看着美国发生的一切，这是一个让人们团结起来的时刻，但也是一个倾听的时刻。尽管我们取得了进步，但这是一个让我们加拿大人认识到我们也面临挑战的时刻。”

一部人类史，就是一部关系史。无论是基辛格认为自己接受法拉奇采访是“一生中最蠢的事情”，还是巴克利多次在采访中表示“看不起姚明”是他这辈子做过最后悔的事，都是当事人社会关系处理不当在媒体中的反映。2020 年以来，新冠肺炎疫情肆虐全球，世界局势风云变幻，如何既迅速准确地判断国际格局变化，又恰如其分地表达和阐释这种变化，对所有活跃在政治舞台的人们，都提出了更高的要求。

服 饰

为什么我们的国家领导人在开会的时候都是清一色的西装，下去调研的时候又都是清一色的藏蓝色夹克，夏天的时候换成清一色的白衬衣?

“鲁镇的酒店的格局，是和别处不同的：都是当街一个曲尺形的大柜台，柜里面预备着热水，可以随时温酒。做工的人，傍午傍晚散了工，每每花四文铜钱，买一碗酒，——这是二十多年前的事，现在每碗要涨到十文，——靠柜外站着，热热的喝了休息；倘肯多花一文，便可以买一碟盐煮笋，或者茴香豆，做下酒物了，如果出到十几文，那就能买一样荤菜，但这些顾客，多是短衣帮，大抵没有这样阔绰。只有穿长衫的，才踱进店面隔壁的房子里，要酒要菜，慢慢地坐喝。”这是鲁迅先生的代表作《孔乙己》一文的开头一段，通过“短衣帮”和“长衫”，鲁迅先生将鲁镇酒店的主顾分为了两种，这说明服饰语言往往是一个时代最感性、最直观的一种语言。

服饰，是新闻发言人外在形象的重要组成部分，它直接参与视觉形象的塑造，能起到先声夺人的作用。新闻发言人的服饰语言是指新闻发言人在新闻发布场合通过服装、发型、饰物及化妆等所传递的身势语言信息，反映了一位新闻发言人的思想个性、文化修养、精神风貌和审美情趣。一位新闻发言人曾经提到一个教训，有一年夏天，他去一位遇难者的家中去谈善后工作，谈了很长时间，他自己觉得谈得不错，但万万没想到，第二天见报了，遇难者家属对记者说："他上我家来，穿着大红色T恤，你觉得这事能谈成啥样？！"

合理运用服饰语言，对自己的外在形象进行恰当修饰，可以使公众对新闻发言人有一个良好的观感，从而达到锦上添花的新闻发布效果。以被誉为"中国最美发言人"的傅莹为例，她在服饰语言的运用方面，以其独特的女性魅力和"时尚"的外交风格赢得了外界的交口称赞。提到傅莹，人们都会不约而同地想到"时尚高雅"这个词——"大使的发型总是保持的那么好，头发微白，短卷发，总给人神采奕奕的感觉"；"大使衣着讲究，小饰物也同样考究，有时看见大使在食指上带着一个非常时尚的大戒指，有时她也会穿一双小皮靴，这种年轻的心态让她与年轻人也自然而然地相处融洽"。①

2013年3月4日上午，傅莹作为十二届全国人大一次会议新闻发言人首次亮相，引发了舆论的一致好评。她的优雅、亲和，都成为关注点。"一袭宝蓝色风衣与银发交相辉映，黑色镶金珠项链更显时尚典雅"，"始终保持微笑，不时转动着手上的铅笔"，"语速适中，甚至在面对咄咄逼人的问题时，也没有提高声调"之类的细节，同她在发布会上的言谈观点一起，让一场常规的新闻发布会与众不同。②

新闻发言人的服饰应典雅、庄重、朴素、和谐、整洁、大方；样式不

---

① 张璐晶:《傅莹的"时尚"外交》,《中国经济周刊》2010年1月19日。

② 《傅莹的优雅也是一种外交实力》, http://roll.sohu.com/20130307/n368011647.shtml.

能太时髦、太西化、太裸露、太随意；面料不宜太薄、太软、太透，宜着正装以示庄重。男士应穿纯色的深色西装而不要穿条纹西装，搭配干净的浅色衬衫以及醒目但又显保守的领带（打领带的方法要正确），注意领带的颜色要和发布的信息内容吻合协调。不要穿白色袜子或白色的鞋，皮鞋一定要擦亮。男士不宜戴饰物。女士也只宜化淡妆，项链、耳环、戒指等饰物应慎重佩戴，力求简洁，宁缺毋滥。

因为新闻发言人随时有可能被摄像机拍摄下来，运用到新闻等电视节目中去，所以，发言人要格外注意电视信号传播对于服饰语言的特殊要求。比如，在电视画面中忌穿图案过于细碎的服饰，过高明度的黑白色也不适合做出镜服饰，比较适宜选择的是单色织法的面料，可以使新闻发言人形象干净而清新，女性新闻发言人的上镜化妆也与主持人或者演员不同，应做到朴实自然大方。此外，如果要电视出镜，还需要在新闻发布前理理发。

后　记

手机铃响，一看，是学校的号码，疫情期间大家都居家办公写东西，会是谁呢？

“王老师，一位朋友看了您在音像出版社录制的微课的文稿，称赞不已，推荐给我，我也觉得非常不错，我们一直在找这方面选题的好作者，这些文稿可以在我们这边出版吗？”

是中央党校出版社第一编辑室主任冯研，打电话过来和我约书稿。

这些年来，陆陆续续出了六七本书，都是写得差不多时主动去找出版社编辑洽谈出版事宜，这还是第一次，出版社主动找到我，希望能够在他们那里出版。

说不开心，那一定是假的。

但是不是一个好作者，我心有戚戚焉。每一个作者都希望自己是好作者，但真正的好作者，既需要当下的市场验证，也需要未来的历史检验。但无论如何，感谢冯研，扬声器那头传来的温柔的声音，在近黄昏的一个下午，令我感慨而欣慰。

我以为，之所以大家觉得这些文稿还不错，并不是因为我写得好，而是反衬出了我的“犀利”。我已记不起，究竟有多少学员下课后提到了“犀利”这个词汇——我在课堂上带给大家的压力可想而知。因此，当教学相长不仅促进了我自己在专业领域的不断积淀，而且水到渠成地促成了这本书稿的出版面世时，我只想说，谢谢所有上过我的演练课的学员，也许这样的教学方式确实有助于教学效果，但无论如何，我总是把大家逼到退无可退的墙角，一定有人为此受伤，那么，请原谅我的咄咄逼人。

不止一次，有学员说，老师，我们来提问，您来回答如何？因为通常都是课后，类似的情境很容易就应付过去了。但问题在那里，我就会认真琢磨一下，有时哪怕是想想都觉得脊背发凉，因为我更了解，那是一个怎样的境况——一个人面对多个记者，他们处在虎视眈眈“挑毛病”的状态，他们的问题也不知道从哪里问起，而且是狂轰滥炸，一个接着一个——如果是我，我真的不会出错吗？

我于是窃喜自己“教练”的角色，不用赤膊上阵，但同时，更加体会到与媒体打交道是一件多么不容易的事，当然，任重道远的使命感和责任意识，也会油然而生。

感谢生活。几十年后才明白，耕耘不一定有收获，努力也不一定有回报，所以，当得到的超过想象，必感恩，必珍惜，必回馈。

感谢中共中央党校出版社，也是机缘巧合，大部制改革让我成为一名党校人，因此才有了这段“被青睐”的特殊缘分，命运兜兜转转，我又何其幸运哉！

感谢本书的责任编辑王玉兰，编辑工作为他人作嫁衣，但不如此，又哪来高光时刻最美的“新娘”，所以，对牺牲自己美化他人的编辑，必须致以崇高的敬意。

一如既往感谢家人，尘缘弥足珍贵，际会足堪珍惜。

王彩平

2020 年 6 月 10 日于柔斋